Helmut Schlegel Heute, nur heute

Helmut Schlegel

Heute, nur heute

Zehn Gebote der Gelassenheit von Johannes XXIII.

Geistliche Übungen

echter

INHALT

Heute, nur heute werde ich
in der Gewissheit glücklich sein,
dass ich für das Glück geschaffen bin –
nicht nur für die andere,
sondern auch für diese Welt.

Heute, nur heute werde ich mich
an die Umstände anpassen,
ohne zu verlangen,
dass die Umstände sich
meinen Wünschen anpassen.

Heute, nur heute werde ich
zehn Minuten meiner Zeit
einer guten Lektüre widmen;
wie die Nahrung für das
leibliche Leben notwendig ist,
so ist die gute Lektüre notwendig
für das Leben der Seele.

Sechstes Gebot *der Gelassenheit* — 82

Heute, nur heute werde ich
eine gute Tat vollbringen, und
ich werde es niemandem erzählen.

Siebtes Gebot *der Gelassenheit* — 94

Heute, nur heute werde ich
etwas tun, wozu ich eigentlich
keine Lust habe;
sollte ich es als eine Zumutung
empfinden, werde ich dafür sorgen,
dass niemand es merkt.

Achtes Gebot *der Gelassenheit* — 106

Heute, nur heute werde ich ein
genaues Tagesprogramm aufstellen.
Vielleicht halte ich mich nicht genau
daran, aber ich werde es aufsetzen.
Und ich werde mich vor zwei Übeln
hüten: vor der Hetze und vor der
Unentschlossenheit.

Heute, nur heute werde ich
fest daran glauben – selbst wenn
die Umstände mir das Gegenteil
zeigen sollten –, dass die gütige
Vorsehung Gottes sich um mich
kümmert, als gäbe es sonst
niemanden auf der Welt.

Heute, nur heute werde ich keine
Angst haben. Ganz besonders werde
ich keine Angst haben, mich an
allem zu freuen, was schön ist,
und an die Güte glauben.

Nimm dir nicht zu viel vor.
Es genügt die friedliche, ruhige Suche
nach dem Guten an jedem Tag zu
jeder Stunde, ohne Übertreibung
und ohne Ungeduld.

Einstieg

Johannes XXIII. ist eine Lichtgestalt der Kirche, ja der ganzen Menschheit. Warum?
Ist es seine lautere Persönlichkeit, die hinter dem Papst den Gottsucher, den Menschen und den Bruder durchscheinen lässt? Ist es sein unbekümmerter Mut, in der katholischen Kirche die Fenster zu öffnen, damit frische Luft hereinkommt? Ist es seine überraschende Entscheidung, ein Ökumenisches Konzil auszurufen?
Ja, das ist es, das alles. Und doch sind das nur Teilaspekte eines Ganzen. Wollen wir das Geheimnis des Menschen Angelo Roncalli mit einem einzigen Wort kennzeichnen, dann passt wohl das Wort „Gelassenheit" am besten. Auch ihm war diese Eigenschaft nicht angeboren, er musste sie sich hart erarbeiten und im Gebet erbitten. Um auf diesem Weg Fortschritte zu machen, hat er für seinen eigenen geistlichen Weg die „Zehn Gebote der Gelassenheit" niedergeschrieben und sich selbst immer wieder ins Gedächtnis gerufen.
Dieses Buch ist ein geistlicher Wegbegleiter und lädt Sie ein, sich von Johannes XXIII. an die Hand nehmen zu lassen und mit ihm nach und nach seine „Gebote der Gelassenheit" zu meditieren. Wenn Geistliche Übungen gründlich sind, das heißt, wenn sie auf den Grund gehen, dann bleiben sie nicht in erhabenen Gedanken und bei frommen Gefühlen stehen. Sie führen Schritt für Schritt in das konkrete alltägliche Leben. Das Ziel allen geistlichen Lebens ist, dass unsere Lebenszeit immer mehr durchdrungen wird vom Geist

Gottes und dass das Wesen Jesu Christi in uns Gestalt annimmt. Die in diesem Buch vorgelegten Meditationen und Anregungen gliedern sich bei jedem der „Zehn Gebote der Gelassenheit“ in fünf Abschnitte:

SPURENSUCHE

Gedanken, Reflexionen, Inspirationen zu den jeweiligen Geboten der Gelassenheit, wie sie uns das konkrete Leben in seiner ganzen Vielfalt anbietet.

WEGZEICHEN

Gelassenheit ist nicht zu machen, nur zu erbitten. Die hier formulierten Gebete regen an, sich vom alltäglichen Leben inspirieren zu lassen und alles, was Menschen bewegt, vor Gott auszusprechen.

SCHRIFTWORT

Das Alte und das Neue Testament bieten uns so viele Texte, die uns zur Gelassenheit einladen. Vor allem aber geben sie uns im Wort Gottes die Gewissheit seiner Gegenwart, die uns gelassen leben und sterben lässt.

HERZWORT

Die Texte und Schriften, die uns Angelo Roncalli hinterlassen hat, sprechen Menschen auch heute an, weil sie Worte von Herz zu Herz sind – im wahren Sinn des Wortes einfältig, ehrlich, gütig.

ALLTAGSSCHRITTE

Es gibt viele Möglichkeiten, die Gebote der Gelassenheit umzusetzen. Hier werden jeweils vier vorgeschlagen. Sie sind eher Anregungen für die eigene Fantasie als Erfolgsrezepte.

Heute, nur heute

Zehn Gebote der Gelassenheit von Johannes XXIII.

Übung *der Präsenz*

Bevor Sie die „Zehn Gebote der Gelassenheit" von Papst Johannes XXIII. lesen, meditieren und in Ihr Leben umzusetzen versuchen, lade ich Sie zur Übung der Präsenz ein.
Um ganz im Heute zu sein, ist es notwendig, die Vergangenheit und die Zukunft loszulassen. Wichtiger als die Fragen „Woher komme ich?" und „Wohin gehe ich?" ist die Frage „Wo bin ich?".
Den Standort zu bestimmen, den inneren, seelisch-geistigen Standort, und sich einzulassen in das Hier und Jetzt, dies ist eine Übung, die Sie am Anfang und in der Mitte und am Ende eines jeden Tages machen sollten.
Sie wird Ihnen helfen, sich von den Lasten und Beschuldigungen der Vergangenheit, aber auch von den geschönten Erinnerungen daran zu befreien. Sie wird Ihnen die Chance geben, sich selbst ganz und gar zu spüren. Sie wird Ihnen Ihre Verantwortung bewusst, aber auch tragbar machen.
Denn dieser Augenblick jetzt ist es allein, worauf es ankommt, dieser Mensch, dem sie eben gegenüberstehen, diese Aufgabe, die sich gerade stellt.
Am besten kommen Sie in die Gegenwart, wenn Sie tief atmen, wenn Sie sich in das Spiel von Ausatmen und Einatmen einschwingen und wenn Sie dabei immer wieder die folgenden drei Worte aushalten und genießen:

Heute, nur heute

Heute! Vierundzwanzig Stunden, nicht mehr und nicht weniger. Einmal dreht sich die gute alte Erde um die Sonne. Es wird Morgen und es wird Abend, es wird Tag und es wird Nacht: heute.

Oft ist mir das Heute viel zu kurz. Ich habe ein umfangreiches Programm. Termine stehen in meinem Kalender. Ich spüre schon am Morgen, dass es knapp wird. Ich gerate unter Druck, werde nervös, komme nicht zurecht.

Dann wieder ist mir das Heute viel zu lang. Es dauert eine halbe Ewigkeit bis zum Abend. Ich zähle die Stunden, ja die Minuten, bis der Anruf aus der Klinik kommt. Bis wir nach anstrengender Fahrt am Ziel ankommen. Bis Feierabend ist. Bis die Gäste wieder gehen.

Heute, nur heute. Das ist nicht gestern oder vorgestern. Keine Frage: Ich muss aus der Vergangenheit lernen. Ich will dazu stehen, was ich gesagt und getan habe. Ich will es verantworten. Es ist meine Aufgabe, das Positive zu würdigen und das Negative zu verändern. Aber wehe, wenn ich im Gestern hängen bleibe. Zum Glück hat das menschliche Gehirn die Fähigkeit zu vergessen. Es wäre unerträglich, alles zu behalten. Und es ist unmöglich, das Rad der Geschichte zurückzudrehen.

Heute, nur heute. Das ist auch nicht morgen oder übermorgen. „Sorgt euch also nicht um morgen; denn der morgige Tag wird für sich selbst sorgen. Jeder Tag hat genug eigene Plage“ (Mt 6,34). So sagt es Jesus in der Bergpredigt. Das entlastet mich. Ich muss nicht heute die Aufgaben von morgen erledigen. Ich muss nicht jetzt schon die Fragen der Zukunft lösen. Es geht nicht um alles oder nichts, es geht um jetzt und hier. Heute, nur heute.

Manchmal gelingt es mir, so ganz in der Gegenwart zu leben. Es sind die Glückstage: Da bin ich ganz präsent. Mit allen Fasern meines Lebens da. Mit Haut und Haar. Mit Körper und Seele.

Heute, nur heute: Zeit zum Leben, Zeit zum Lieben. Zeit – mir in die Hände gegeben und in die Seele geschrieben. Ich kann dieses Heute verpassen und verspielen. Ich kann es aber auch fühlen und füllen, erleiden und verantworten, kosten und genießen. Heute, nur heute ...

WEGZEICHEN

Gott der Ewigkeit
Du schenkst uns das Heute
trennst es
vom Gestern und vom Morgen
durch Nacht und Schlaf

Hilf uns
nur heute
unser Glück zu ergreifen
nur heute
unser Leid auszuhalten

im Wissen
dass beides vergeht
und in Dir geborgen sein wird
im ewigen JETZT

Ricarda Moufang

Hagar

Abram entgegnete Sarai: Hier ist deine Magd; sie ist in deiner Hand. Tu mit ihr, was du willst. Da behandelte Sarai sie so hart, dass ihr Hagar davonlief. Der Engel des Herrn fand Hagar an einer Quelle in der Wüste, an der Quelle auf dem Weg nach Schur. Er sprach: Hagar, Magd Sarais, woher kommst du und wohin gehst du? Sie antwortete: Ich bin meiner Herrin Sarai davongelaufen. Da sprach der Engel des Herrn zu ihr: Geh zurück zu deiner Herrin und ertrag ihre harte Behandlung! Der Engel des Herrn sprach zu ihr: Deine Nachkommen will ich so zahlreich machen, dass man sie nicht zählen kann. Weiter sprach der Engel des Herrn zu ihr: Du bist schwanger, du wirst einen Sohn gebären und ihn Ismael (Gott hört) nennen; denn der Herr hat auf dich gehört in deinem Leid. Er wird ein Mensch sein wie ein Wildesel. Seine Hand gegen alle, die Hände aller gegen ihn! Allen seinen Brüdern setzt er sich vors Gesicht. Da nannte sie den Herrn, der zu ihr gesprochen hatte: El-Roï (Gott, der nach mir schaut). Sie sagte nämlich: Habe ich hier nicht nach dem geschaut, der nach mir schaut? (Gen 16,6–13).

An der Wasserquelle in der Wüste, wo Hagar verzweifelt und lebensmüde ist, findet sie der Engel. Er spricht sie mit Namen an und fragt nach ihrem Weg: *„Hagar, Magd Sarais, woher kommst du und wohin gehst du?"* (Gen 16,8) Hagar offenbart diesem Boten Gottes, dass sie vor Sarai auf der Flucht ist. Wohin der Weg sie führen wird, weiß sie nicht. Hagar bekommt eine Verheißung, die nicht weniger zählt als die Verheißung an Abram. Sie wird einen Sohn bekommen und ihm den Namen Ismael geben. Das bedeutet „Gott hat gehört". Dies soll ihr zur Gewissheit werden, aus der heraus sie ihr Leben gelassen bewältigen kann, ganz gleich was kommt. Es wird nicht einfach werden für Hagar, denn Gott schickt sie wieder zurück zu Sarai. Sie wird auch in Zukunft Demütigungen erleiden müssen. Aber sie hat eine Hoffnung, die ihr niemand nehmen kann. Hagar erfährt, dass sich die Freiheit, die sie selbst ersehnt, in Ismael und seinen Kindern verwirklichen wird: *„Er wird ein Mensch sein wie ein Wildesel"* (Gen 16,12). Das ist keine Beleidigung. Es ist ein Bild für ein kraftvolles, eigenständiges Leben.

Gelassenheit

- Die Quelle sehen, die auch in der Wüste fließt
- Auf den „Engel der Gegenwart" hören
- Der inneren Vision trauen
- Aufrecht und furchtlos meinen Weg gehen

HERZWORT

Die Sorgen, die sich die
Eigenliebe um die Zukunft macht,
sind hinderlich für Gottes Wirken in uns ...
und dann nützen sie nicht einmal
den materiellen Interessen.
Mögen die anderen nur vorwärts
drängen und weiterkommen:
Ich beharre ohne Hast da,
wo der Herr mich hingestellt hat,
und lasse anderen den Weg frei.
Ich möchte mir meinen Frieden bewahren,
denn darin liegt meine Freiheit.

Johannes XXIII.

Ich beginne den Tag mit einer Präsenz-Meditation.
Ich stelle mir einen Raum vor,
an dessen Schwelle ich stehe.
Der Raum ist licht und weit.
Ich spüre, welche Gefühle in mir aufkommen:
Erwartung? Sorge? Aufregung? Freude?
Im Einatmen fließt mir das Heute von Gott her zu,
im Ausatmen drücke ich
meine Bereitschaft und Hingabe aus.
In meiner Vorstellung betrete ich
den Raum des Heute und sage:
„In Gottes Namen!“

Ich beende den Tag mit einer Präsenz-Meditation.
Ich stelle mir denselben Raum vor.
Ich stehe in der Mitte, um mich herum Menschen,
denen ich begegnet bin,
Ereignisse, die mir wie Bilder
an der Wand vorkommen.
Ich gehe durch den Raum,
schaue und verabschiede das Heute.
Ich verlasse den Raum, schließe die Türe zu und sage:
„Gott sei Dank!"

Ich praktiziere immer wieder
das Ritual der Vergegenwärtigung.
Dazu stehe ich auf und atme tief.
Ich öffne meine beiden Hände
und halte sie vor mich hin.
Ich lege die vergangene Zeit –
vielleicht die letzte Stunde
oder auch den gestrigen Tag
oder sogar das vergangene Jahr –
dankbar in die linke Hand und halte sie Gott hin.
Ich lege meine Zukunft –
die nächste Stunde
oder den morgigen Tag
oder das kommende Jahr –
zuversichtlich in die rechte Hand.
Dankbar und zuversichtlich –
ich wiederhole in der Stille einige Male diese Worte.
Dann falte ich die Hände vor der Brust
und versetze mich ganz in die Gegenwart.

Ich gestalte meinen Kalender
zu einem kleinen Kunstwerk
(mit schönem Einband, Fotos von lieben Menschen,
kleinen Gedichten u. Ä.).
Termine, die der Erholung, Kultur
oder Begegnung dienen,
trage ich sorgfältig ein.
Den heutigen Tag kennzeichne ich bewusst
(z. B. durch ein Bändchen oder
einen farbigen Haftstreifen).
Ich achte darauf, heute auch Freiräume für mich,
für Gott und für liebe Menschen zu reservieren.
Ich bezeichne sie mit besonderen Symbolen.

Erstes Gebot *der Gelassenheit*

**Heute, nur heute
werde ich mich bemühen,
den Tag zu leben,
ohne die Probleme meines Lebens
auf einmal lösen zu wollen.**

Ich freue mich, ein Mensch zu sein. Oft schaue ich zurück auf das Vergangene. Manchmal bin ich stolz auf das, was war, manchmal bereue ich es auch. Ich ziehe Konsequenzen, verändere die Situation und hin und wieder kann ich sogar ganz neu anfangen.
Auch das kann ich: vorwärtsblicken. Ich kann Wünsche äußern, Prognosen aufstellen, mir Ziele setzen. Ich kann Strategien überlegen, Vorbereitungen treffen, andere zum Mitmachen einladen. Nein, ich bin nicht ohnmächtig, auch nicht, was die Zukunft angeht.
Nur den heutigen Tag leben? Außer Acht lassen, was gestern war? Was morgen sein wird? Was ich vermeiden sollte? Wofür ich Vorsorge zu treffen habe? – Das fällt mir schwer. Wie gut, dass mich die eigene Vernunft korrigiert – bei aller notwendigen Planung, bei aller Verantwortung über den Augenblick hinaus: Ich lebe jetzt. Ich kann nur das Heute gestalten. Und das genügt.

Wir wissen, wie wichtig nachhaltiges Wirtschaften ist. Wir dürfen nicht in den Tag hinein leben und konsumieren und nur an uns denken. Wir müssen unsere Welt schützen und erhalten. Die Menschen aller Kulturen und Erdteile und ebenso die Generationen nach uns haben ein Recht auf Nahrung, Wasser und Energie. Und auch die Tiere und Pflanzen, ja selbst die Materie – alle Geschöpfe haben eine Würde, die ihnen der Schöpfer gegeben hat.

Was zu tun ist, ist heute zu tun. Heute ist der Tag, an dem wir verpflichtet sind, Versöhnung zu schaffen und am Frieden zu bauen. Heute können und müssen wir mit den Ressourcen der Erde so umgehen, dass sie für alle reichen. Heute ist es unsere Chance, das Gut der Freundschaft miteinander zu teilen. Heute ist es unsere Verantwortung, Mensch zu sein.

WEGZEICHEN

Gott des rechten Maßes
Ich bitte Dich
– nur heute –
um das rechte Maß
denn ich bin maßlos geworden
Meine Probleme will ich lösen
und zwar ALLE
und SOFORT

Gib mir Dein Maß:
EIN Tag
HEUTE
ergibt EIN Tagewerk
EIN Schritt
– HEUTE –
ist ein Stück Weg

Hilf mir
– nur heute –
meinen Blick von meinem Weg zu heben
in die Weite zu lenken
das Ganze zu sehen
die Probleme der anderen
und das Wunder des Lebens
an dem ich
– auch heute –
wieder teilhaben darf

Ricarda Moufang

SCHRIFTWORT

Jakob

In derselben Nacht stand Jakob auf, nahm seine beiden Frauen, seine beiden Mägde sowie seine elf Söhne und durchschritt die Furt des Jabbok. Er nahm sie und ließ sie den Fluss überqueren. Dann schaffte er alles hinüber, was ihm sonst noch gehörte. Als nur noch er allein zurückgeblieben war, rang mit ihm ein Mann, bis die Morgenröte aufstieg. Als der Mann sah, dass er ihm nicht beikommen konnte, schlug er ihn aufs Hüftgelenk. Jakobs Hüftgelenk renkte sich aus, als er mit ihm rang. Der Mann sagte: Lass mich los; denn die Morgenröte ist aufgestiegen. Jakob aber entgegnete: Ich lasse dich nicht los, wenn du mich nicht segnest. Jener fragte: Wie heißt du? Jakob, antwortete er. Da sprach der Mann: Nicht mehr Jakob wird man dich nennen, sondern Israel – Gottesstreiter; denn mit Gott und Menschen hast du gestritten und hast gewonnen. Nun fragte Jakob: Nenne mir doch deinen Namen! Jener entgegnete: Was fragst du mich nach meinem Namen? Dann segnete er ihn dort. Jakob gab dem Ort den Namen Penuël – Gottesgesicht – und sagte: Ich habe Gott von Angesicht zu Angesicht gesehen und bin doch mit dem Leben davongekommen. Die Sonne schien bereits auf ihn, als er durch Penuël zog; er hinkte an seiner Hüfte (Gen 32,23–32).

Jakobs Lebensgeschichte ist eine Erfolgsgeschichte. Immer ganz vorne, immer große Pläne, aber oft auch mit ein paar schmutzigen Tricks, um sich durchzusetzen. Schon im Mutterleib hält er seinen Zwillingsbruder Esau an der Ferse fest, er will der Erstgeborene sein. Später erschleicht er bei seinem sterbenden Vater den Segen. Noch viele Geschichten erzählt die Bibel in aller Offenheit, die uns den Ehrgeizling Jakob zeigen.

Aber in dieser Nacht kommt alles ganz anders. Jakob schickt seine Frauen, Mägde und Söhne über den Fluss. Sein Hab und Gut bringt er ans andere Ufer. Dann, als nur noch er ganz allein ist, ringt er um sein Leben. Er kämpft und wird verwundet. Wer ist es, der mit ihm kämpft? Später deutet es Jakob selbst: *„Ich habe Gott von Angesicht zu Angesicht gesehen"* (Gen 32,31).

Jakob wird verletzt und weiß doch, dass ihm dieser Kampf zum Segen wird. *„Ich lasse dich nicht los, wenn du mich nicht segnest"* (Gen 32,27b), sagt er zu Gott. Die Verletzung macht ihn zu einem neuen Menschen. Nun geht er seinem Bruder Esau mutig entgegen, er umarmt ihn und weint. Der Kampf mit seinem Schatten, in dem ihm Gott begegnet, hat ihn zu Menschlichkeit und Mitgefühl befähigt.

Gelassenheit

- Sich der Einsamkeit aussetzen
- Zulassen, getroffen zu werden
- Konflikte annehmen
- Dankbar sein für den Segen,
  der in schmerzhaften
  Wachstumsprozessen liegt

Ich häufe keine Reserven für die Zukunft an.
Es gibt ja die göttliche Vorsehung.
Machen wir ihr Ehre,
indem wir sparsam leben
und den anderen Gutes tun.

Johannes XXIII.

Heute leben bedeutet, mit klarem Verstand
denken und zielgerichtet handeln.
Es bedeutet nicht, sich von momentanen
Bedürfnissen treiben zu lassen
und ohne Bewusstheit durch den Tag zu stolpern.
Ich versuche, mir diese Erkenntnis
am Morgen vor Augen zu stellen
und sie in den alltäglichen Dingen umzusetzen –
z. B. beim Einkauf (ich weiß, was ich will),
bei der Arbeit (ich weiß, was ich kann),
bei meinen Gesprächen (ich weiß, worum es geht).

Heute leben bedeutet,
sorgfältig meine Talente einzusetzen
und verantwortlich mit meinen Kräften umzugehen.
Es bedeutet nicht, so zu arbeiten,
als müsste am Ende des Tages alles geregelt sein.
Ich wehre der Versuchung, mich zu überfordern.
Dabei hilft es mir, während des Tages
immer wieder einmal kurz anzuhalten,
um zu sehen, wo ich bin,
und zu unterscheiden,
was ich zu tun habe und was nicht.

Heute leben bedeutet, diesen Tag
mit anderen zu leben.
Das entlastet mich, weil ich nicht allein
an meinem Leben tragen muss.
Ich darf mich tragen lassen,
wo ich nicht mehr weiterkann.
Heute leben bedeutet auch,
am Leben anderer mitzutragen.
Ich stelle mir im Gebet das Netz vor,
in das ich eingebettet bin.
Ich werde mir dankbar bewusst,
dass ich mich in dieses Netz fallen lassen darf.
Ich spüre auch die Verantwortung, selbst am
Netzwerk des gemeinsamen Lebens zu knüpfen.

Ich nehme Maß an der Person und am Leben Jesu.
Er lebte ganz im Jetzt,
seine Lebensaufgabe verstand er als Hingabe
an Gott und die Menschen.
Das Heute in Hingabe zu leben –
das motiviert mich, über mich hinauszuwachsen,
das fordert aber auch meine ganze Konzentration
und Kraft.
In der Meditation lasse ich mich auf Jesus ein
und bitte ihn im Gebet, mir den Geist der Hingabe
zu schenken.

Zweites Gebot *der Gelassenheit*

Heute, nur heute
werde ich
auf ein zurückhaltendes Auftreten achten:
Ich werde niemanden kritisieren,
ich werde nicht danach streben,
die anderen zu korrigieren
oder zu verbessern –
nur mich selbst.

Zurückhaltung ist keine der modernen Tugenden. Wer bescheiden ist, anderen den Vortritt lässt und schweigt, gilt sogar als unterwürfig, ängstlich, feige. Und das aus gutem Grund. Unsere Geschichte lehrt uns, dass Gehorsam und Autoritätsgläubigkeit allzu oft von staatlichen und kirchlichen Obrigkeiten missbraucht worden sind. Und damit machen sich jene, die zurückhaltend auftreten oder zur Zurückhaltung mahnen, unter Umständen mitschuldig an Gewalt und Unterdrückung.

Eine moderne Ethik zielt eher in die Gegenrichtung: Gelobt wird der mündige Bürger und Christ, der sicher auftritt, seine Rechte einfordert, Andersdenkende konfrontiert und zielorientiert handelt.

Auf den ersten Blick klingt dieses Gebot der Gelassenheit, das Angelo Roncalli vor mehr als einem halben Jahrhundert aufgestellt hat, für uns Heutige veraltet und verstaubt. – Ob es nicht gerade deswegen wieder in Erinnerung gerufen werden muss? Braucht unser Streben nach einem selbstbestimmten Leben eine Korrektur? Gerät es zu sehr auf die Spur des Individualismus und der privaten Beliebigkeit?

Was versteht Johannes XXIII. unter Zurückhaltung? Musste er selbst um die richtige Balance ringen? War der bodenständige Bauernsohn von Natur aus ein Mensch der allzu schnellen Urteile und der allzu festen Grundsätze? Einige Seiten seiner Persönlichkeit und einige Kapitel seiner Biographie sprechen für diese Annahme. Dann hätte er mit seinem Gebot eine Warntafel aufgestellt, damit sein und unser Denken nicht auf die Holzwege der Selbstgerechtigkeit und Arroganz gerät und unser Reden nicht auf der breiten Straße populistischer Parolen landet.

Vielleicht können wir in diesem Sinn das Wort „Zurückhaltung" ins Heute übertragen: Es ist unsere Aufgabe, eine kritische Distanz zu allen Mainstream-Philosophien zu wahren. Es ist unsere Aufgabe, uns selbst genauso in Frage zu stellen wie andere. Es ist unsere Aufgabe, wahrzunehmen, dass die Fehler, die wir bei anderen sehen, ein Spiegelbild unserer eigenen Schwächen sind. Es ist unsere Aufgabe, uns selbstkritisch der Warnung zu erinnern, die Jesus ausgesprochen hat: *„Wie kannst du zu deinem Bruder sagen: Lass mich den Splitter aus deinem Auge herausziehen! – und dabei steckt in deinem Auge ein Balken?"* (Mt 7,4)

WEGZEICHEN

Jesus, Gott der Menschlichkeit

Lass mich
– nur heute –
im Splitter in den Augen der anderen
den Balken in meinen erkennen

Ihre Splitter und mein Balken –
beide
aus DEMSELBEN Holz –
fein gemasert
jedes anders
und fehlerhaft –
aus DEMSELBEN Holz
das allein uns erst menschlich macht

Lass mich
– nur heute –
meinen Balken liebevoll
berühren
mit Humor und Dankbarkeit
tragen
genau so
wie Du
unsere Fehler liebevoll berührst
und trägst

wie Du das Kreuz
– aus DEMSELBEN Holz –
getragen hast.

Ricarda Moufang

Mose

Er schaute hin: Da brannte der Dornbusch und verbrannte doch nicht. Mose sagte: Ich will dorthin gehen und mir die außergewöhnliche Erscheinung ansehen. Warum verbrennt denn der Dornbusch nicht? Als der Herr sah, dass Mose näher kam, um sich das anzusehen, rief Gott ihm aus dem Dornbusch zu: Mose, Mose! Er antwortete: Hier bin ich. Der Herr sagte: Komm nicht näher heran! Leg deine Schuhe ab; denn der Ort, wo du stehst, ist heiliger Boden (Ex 3,2b–5).

Der Dornbusch steht in dieser Geschichte für alles Starre und Verdorrte, für alles Zerstörerische und Verletzende im Menschen und in der Welt. Wenn Mose sich dem Dornbusch nähert, dann nähert er sich seinem inneren Bild. Der Dornbusch ist Spiegel seines Lebensgefühls, ausgetrocknet und unbrauchbar und von Gott verlassen zu sein.
Tief in unserem Inneren lebt die Sehnsucht nach gelungenen Beziehungen, nach Freundschaft und Liebe. Aber diese Sehnsucht ist oft verletzt und enttäuscht. Wir haben den Eindruck, vieles im Leben ist unerfüllt, wenn nicht gar unerfüllbar. Und doch lässt uns die Frage nicht los: Warum brennt dieses Feuer in meinem Herzen?

Was Mose in besonderer Weise erstaunt, ist die Tatsache, dass der Dornbusch brennt, aber doch nicht verbrennt. Die stacheligen, leblosen Dornen der Enttäuschungen und der existentiellen Leere gehören ebenso zu uns wie das Feuer der Hoffnung und der Gottesgewissheit. Auch hier ist der Ort, wo wir Mensch werden und den Namen des Ewigen erfahren. Auch hier, wo wir elend und fremd sind, brennt das Leben.

Gelassenheit

- Meine ganze Realität Gott hinhalten
- Meine verletzte Seele aushalten
- Die Kraft erfahren, die in der Sehnsucht liegt
- Unter den vielen Worten
den Namen Gottes heraushören

Meine Fehler und meine Erbärmlichkeit
gestatten mir nicht,
mich in irgendeiner Weise zu erheben;
aber sie schwächen auch nicht
mein Vertrauen auf Gott,
dessen zärtliche Hand
ich über mir weiß:
Sie hält mich
und macht mir Mut.

Johannes XXIII.

Ich achte darauf, mit welchen Gefühlen
und mit welchem Ausdruck ich auftrete:
Wie mache ich mich bemerkbar?
Wie melde ich mich zu Wort,
wenn ich etwas zu sagen habe?
Kann ich es aushalten, wenn andere
mehr im Vordergrund stehen?
Kann ich meine Mitmenschen ehrlich
nach ihrem Befinden fragen?
Weiß ich, wie andere
mein Auftreten erleben?

Kritik ist im Wesen die Kunst der Unterscheidung.
Ich will mich der Kritik enthalten, wenn ich nicht
ausreichend informiert oder inkompetent bin.
Ich versuche mit innerer Distanz zu meinen
Emotionen zu unterscheiden,
was richtig oder falsch, hilfreich oder abträglich,
durchdacht oder unüberlegt, gut oder schlecht ist.
Ich bemühe mich, ehrlich zu sein,
aber nicht zu verletzen,
meine Kritik ruhig und begründet vorzubringen
und meinem Gegenüber die Chance zu lassen,
sich auf angemessene Weise zu äußern.

Die Kunst, Kritik zu äußern, kann nur gelingen,
wenn ich auch gelernt habe, Kritik anzunehmen.
Ich prüfe mich immer wieder,
wie es mir mit Kritik an meiner Person,
meinem Verhalten oder meiner Arbeit geht.
Welche Gefühle kommen dabei hoch?
Fühle ich mich bedroht?
Bin ich verärgert?
Versuche ich mich zu verteidigen?
Kann ich angemessen reagieren?
Kann ich mich entschuldigen?
Kann ich mich auf Verbesserungsvorschläge
einlassen?
Kann ich über mich selbst und meine Fehler lachen?

Ich versuche, nur dann zu korrigieren,
wenn ich wirklich weiß, was falsch ist
und wie es besser geht.
Ich mache mir zum Grundsatz,
mich selbst nicht aufgrund eines negativen
„Bauchgefühls" schlechtzumachen.
Ich gehe dem Gefühl auf den Grund
und korrigiere mich dann
aufgrund einer bewussten Erkenntnis.
Ich korrigiere andere nicht
mit dem Gefühl des „Besserwissens".
Wenn ich korrigieren muss, dann tue ich das so,
dass mein Gegenüber die Chance hat,
sein Gesicht zu wahren,
und das Gefühl, dass sie / er
selbst den richtigen Weg findet.

Drittes Gebot *der Gelassenheit*

Heute, nur heute
werde ich in der Gewissheit
glücklich sein,
dass ich für das Glück
geschaffen bin –
nicht nur für die andere,
sondern auch für diese Welt.

Vermutlich können die meisten Menschen ziemlich gut beschreiben, was sie sich unter dem „Glück dieser Welt" vorstellen: materiellen Wohlstand, optimale Gesundheit, sorgenfreies Dasein, harmonische Beziehungen ...

Und doch sind es nicht die Umstände – Geld, Vitalität, Ansehen –, die uns glücklich machen, es ist eher unsere Einstellung zum Leben. Glück können wir nicht haben oder machen, wir können es uns nur schenken lassen. Wir sind schon immer „für das Glück geschaffen", wie es Johannes XXIII. sagt. Wir sind weder eine Laune der Natur noch das Ergebnis eines blind waltenden Schicksals, es ist Gott, der genialste aller Künstler, der jede und jeden von uns als Unikat entworfen und uns, wie die Bibel sagt, seinen Atem eingehaucht hat. Dabei wissen wir auch, dass wir selbst und diese Welt alles andere als heil und vollendet sind. Tatsächlich stellen Katastrophen, Kriege und Krankheiten unseren Glauben an die gute Schöpfung auf die Probe. Der Apostel Paulus sagt es so: *„Wir wissen, dass die gesamte Schöpfung bis zum heutigen Tag seufzt und in Geburtswehen liegt"* (Röm 8,22). Die Naturwissenschaft lehrt uns, dass die Schöpfung noch mitten im Prozess der Evolution steht. Der Glaube, dass dieser Prozess ein gottgewolltes Ziel hat, lässt uns das Glück nicht nur „für die andere Welt" erwarten. Er lässt uns auch hier und heute das Herz und die Hände öffnen für das Reich Gottes und die Fülle des Lebens, die uns verheißen ist.

Auf die Frage nach dem Glück in der anderen Welt kommt unsere Antwort nicht über ein Stammeln hinaus. Wenn Jesus davon spricht, dann zeichnet er Gleichnisse: Es wird sein, wie wenn Menschen nach Hause kommen. Es wird sein, wie wenn Menschen Hochzeit feiern. Es wird sein, wie wenn Menschen ein Mahl halten. Wie wenn ... Es sind starke, leuchtende Bilder und sie alle sagen: Das Leben mit Gott wird ein Fest der Liebe sein. Wir werden in Christus sein, in sein Wesen eingetaucht und in seine Wirklichkeit verwandelt. Und weil wir eins sein werden mit Christus, werden wir eins sein mit Gott.

Gott, der vom ersten Augenblick unseres Daseins an in uns wohnt, wird uns ganz in sich aufnehmen. Darum werden wir jene, die wir lieben, nicht nur „wiedersehen", wir werden in Christus eines Wesens mit ihnen sein. Unvorstellbar? Ja unvorstellbar, ein Geheimnis des Glaubens!

WEGZEICHEN

Leben in Fülle
deine Zusage an uns
Ist Fülle nicht Glück?

Leben in Fülle
für alle
Auch für mich?
Ja, auch für mich!

Fülle des Seins
hier und jetzt
Knospen brechen auf
Blüten öffnen sich
Gesang aller Schöpfung:
Das Glück, zu SEIN!

Und ich, ein Mensch
Geschöpf deiner Liebe
geschaffen, um zu SEIN
um heute glücklich zu sein
geschaffen, um zu blühen
ganz und gar ich selbst zu SEIN

ALLES, WAS ATMET,
LOBE DEN HERRN!
(Psalm 150)

Ricarda Moufang

SCHRIFTWORT

Elija

Doch der Engel des Herrn kam zum zweiten Mal, rührte ihn an und sprach: Steh auf und iss! Sonst ist der Weg zu weit für dich. Da stand er auf, aß und trank und wanderte, durch diese Speise gestärkt, vierzig Tage und vierzig Nächte bis zum Gottesberg Horeb. Dort ging er in eine Höhle, um darin zu übernachten. Doch das Wort des Herrn erging an ihn: Was willst du hier, Elija? Er sagte: Mit leidenschaftlichem Eifer bin ich für den Herrn, den Gott der Heere, eingetreten, weil die Israeliten deinen Bund verlassen, deine Altäre zerstört und deine Propheten mit dem Schwert getötet haben. Ich allein bin übrig geblieben und nun trachten sie auch mir nach dem Leben. Der Herr antwortete: Komm heraus und stell dich auf den Berg vor den Herrn! Da zog der Herr vorüber: Ein starker, heftiger Sturm, der die Berge zerriss und die Felsen zerbrach, ging dem Herrn voraus. Doch der Herr war nicht im Sturm. Nach dem Sturm kam ein Erdbeben. Doch der Herr war nicht im Erdbeben.
Nach dem Beben kam ein Feuer. Doch der Herr war nicht im Feuer. Nach dem Feuer kam ein sanftes, leises Säuseln. Als Elija es hörte, hüllte er sein Gesicht in den Mantel, trat hinaus und stellte sich an den Eingang der Höhle (1 Kön 19,7–12).

Elija ist Prophet, ein Mensch, der Gott hört und zu dessen Sprachrohr wird. Elija erlebt Zeiten, in denen er so von Gott erfüllt ist, dass er in vollem Vertrauen sein

Leben für ihn aufs Spiel setzt. Er erlebt auch Zeiten, in denen er sich verlassen und verraten fühlt.
Auf dem Berg Horeb hat Elija eine Vision, die ihm die Fragwürdigkeit seiner Gottesbilder zeigt. Sie sind in den Farben der Allmacht, des Gerichtes und der Eifersucht gemalt. Gott aber zeigt ihm, dass er weder im Sturm noch im Erdbeben noch im Feuer ist. Der verborgene Gott offenbart sich im leisen Säuseln eines Windhauchs. Elija begreift das Zeichen: Gott will weder seine Macht durchsetzen noch die Widerstände der Menschen mit Gewalt niederkämpfen. Gott setzt auf die Kraft der Stille, der Einsicht, des Wachstums. Gott ist in der Ohnmacht mächtig, in der Barmherzigkeit herzhaft, in der Gelassenheit stark. Elija tritt hinaus vor die Höhle und verhüllt in Ehrfurcht sein Gesicht.

Gelassenheit

- Verstehen lernen, dass Gottes Wege und Gottes Rhythmus anders sind als die der Menschen

- Die Bilder loslassen, die ich mir vom Leben, von den Menschen, von Gott mache

- Allem, was sich laut, mächtig und erfolgreich darstellt, mit Vorsicht begegnen

- Den Stimmen trauen, die in der Stille wirken und offen sind für den Geist Gottes

HERZWORT

Es stimmt:
Der Herr gibt dem,
der allein auf ihn vertraut,
für jedes Wetter
die passende Kleidung.

Johannes XXIII.

Glück ist nicht so sehr das,
was wir von außen erfahren,
sondern die Art und Weise, wie wir uns
auf die Welt einstellen und ihr begegnen.
Ich trainiere meine Wahrnehmung:
So versuche ich, mit offenen Sinnen
den Tag zu beginnen,
den Menschen mit Sympathie zu begegnen,
meine Aufgaben entschieden anzupacken,
dankbar den Tag abzuschließen.

Glück ist nicht zuletzt die Kunst,
mit Unglück umzugehen.
Was ich als Unglück erfahre,
werde ich nicht bekämpfen oder verdrängen.
Ich versuche nicht auszuweichen,
sondern mitten hindurchzugehen.
Ich lasse den Schmerz zu und spüre
auch gerade darin meine Lebendigkeit.
Ich suche nicht gleich eine Lösung für ein Problem.
Vielleicht liegt im Aushalten der Unlösbarkeit
eine verborgene Zufriedenheit.

Glück ist immer auch das Glück der anderen.
Ich nehme ehrlich und vorurteilsfrei wahr,
wo ich auf Kosten anderer glücklich sein möchte.
Das vermeintliche Glück der Überlegenheit,
der Schadenfreude, der Ausgrenzung,
der Verweigerung
hinterlässt letztlich ein schales Gefühl.
Stattdessen überlege ich,
wie ich Gegnerschaften abbauen,
den Dialog in Gang setzen
und Menschen auf gleicher Augenhöhe
begegnen kann.

Glück ist weniger ein Gefühl als vielmehr ein Sein.
In der Meditation durchdringe ich die Schicht
der Gedanken, der Gefühle und der Bilder
bis hin zur Erfahrung des bloßen Seins.
Hier berühre ich mein wahres Selbst,
hier werde ich von der Unendlichkeit Gottes berührt.
Ich gehe diesen Übungsweg in kleinen und
stetigen Schritten.

Viertes Gebot *der Gelassenheit*

Heute, nur heute
werde ich mich
an die Umstände anpassen,
ohne zu verlangen,
dass die Umstände
sich meinen Wünschen anpassen.

Das würde ein Mensch des 21. Jahrhunderts wohl kaum so sagen! Ist es denn nicht gefährlich, wenn wir uns den Umständen anpassen? Zu viele lassen sich von den Trends der politischen, gesellschaftlichen Strömungen verführen.
Johannes XXIII. war gewiss kein Mitläufer. Er traf seine Entscheidungen in voller Freiheit und aus der Mitte seines christlichen Gewissens. Wahrscheinlich kannte er – vielleicht aus eigener Erfahrung – auch die Gegenseite der Anpassung: Unser Streben nach Autonomie kann in eine egozentrische Dynamik umschwenken. Der moderne Mensch ist in der Gefahr, dass er sich selbst zum Mittelpunkt und Maßstab seines Denkens und Handelns macht. In der Folge wird er entweder seine Mitmenschen und seine Umwelt für sich benutzen oder, falls seine Bedürfnisse nicht erfüllt werden, ewig frustriert sein. Aus der Frustration erwachsen Depression und Gewalt. Keine Frage: Ichbezogenheit und Entsolidarisierung sind die folgenschwersten Zivilisationskrankheiten unserer Zeit.
Wie immer schlägt das Pendel der Geschichte mal in die eine, mal in die andere Richtung aus. Sind die Großväter in einer autoritären Gesellschaft aufgewachsen, in der Gehorsam und Anpassung als oberste Tugenden gepredigt wurden, so leben manche ihrer Enkel nach dem Grundsatz: „Lass dir von keinem etwas sagen und bestimme selbst, was du willst." – Wo liegt die soge-

nannte gesunde Mitte? Gibt es sie überhaupt? Was ist hilfreich an diesem Gebot, das sich Johannes XXIII. selbst auferlegt hat?
Vermutlich kann ein Mensch nur dann die Bedürfnisse und Bewegungen der Umwelt achten, wenn er auch seine eigenen Bedürfnisse und Bewegungen kennt. Und umgekehrt findet nur jener sein wahres Selbst, der in jedem seiner Mitmenschen ein gleichwertiges Gegenüber sieht und dessen Auffassungen und Bedürfnisse wie seine eigenen wertschätzt. Das Gebot der Bibel „Liebe deinen Nächsten wie dich selbst!" ist wohl in diesem Sinn zu verstehen: Liebe dich selbst, nimm dich wahr, stehe zu dir. Gestehe dasselbe Recht auch den anderen zu. Die Gleichberechtigung der Bedürfnisse und ein partnerschaftliches Spiel von Geben und Nehmen schaffen ein humanes und gerechtes Miteinander.
Ich nehme an, Johannes XXIII. war ein ichstarker Mensch (sonst wäre er wohl auch nicht Papst geworden). Gerade deshalb betrachtet er es als ein vornehmliches Gebot, die eigenen Wünsche zurückzustellen und sorgfältig auf die anderen Menschen beziehungsweise die „Umstände" seines Lebens achtzugeben. Vielleicht sind bei anderen Menschen ganz andere Akzente wichtig?

WEGZEICHEN

Guter Gott
in unserer Welt
der Macht und der Machbarkeit
muss es für dich
eine Beleidigung sein
wenn Menschen sich anpassen

Lass nicht zu
dass ich mich der Welt anpasse –
unter keinen Umständen!

Anders ist es
wenn mein Leben sich fügt
wenn du es fügst

Und darum bitte ich dich:
Hilf mir
– nur heute –
fügsam zu sein
mich von dir fügen zu lassen
unter allen Umständen

Hilf mir
es den anderen und dir
– nur heute –
ein wenig leichter zu machen

Ricarda Moufang

Elija

Da vernahm er eine Stimme, die ihm zurief: Was willst du hier, Elija? Er antwortete: Mit Leidenschaft bin ich für den Herrn, den Gott der Heere, eingetreten, weil die Israeliten deinen Bund verlassen, deine Altäre zerstört und deine Propheten mit dem Schwert getötet haben. Ich allein bin übrig geblieben und nun trachten sie auch mir nach dem Leben. Der Herr antwortete ihm: Geh deinen Weg durch die Wüste zurück und begib dich nach Damaskus! Bist du dort angekommen, salbe Hasaël zum König über Aram! Jehu, den Sohn Nimschis, sollst du zum König von Israel salben und Elischa, den Sohn Schafats aus Abel-Mehola, salbe zum Propheten an deiner Stelle (1 Kön 19,13b–16).

Gerade in der Stille des Gottesberges bekommt Elija eine neue Sendung. Der Weg geht zurück in das Leben. Nicht der Ginsterstrauch, unter dem er sterben wollte, ist sein Ort, auch nicht die Höhle auf dem Berg, wo er ungestört blieb. In die große Stadt Damaskus soll er gehen. Dorthin, wo das Leben brodelt. Die Menschen brauchen ihn. Elija erfährt von Neuem seine Berufung als Prophet. Er soll im Namen und Auftrag Gottes Menschen aufrichten, wachrütteln und ermuntern. Er soll mahnen, warnen und Jahwe als den wahren Gott verkünden, der Leben verheißt und Leben will. Er soll auch salben: Menschen ihre königliche Würde zusprechen, heilen und trösten. Gott ist da, wo Menschen einander stark machen und sich gegenseitig für den Frieden befähigen in der Salbung des Herzens.

Gelassenheit

- Nicht in der Bewegung des Rückzugs bleiben
- Meiner Herzensberufung nachspüren
- Der Kraft des Mitgefühls trauen
- Die konkrete Welt als den Ort der Gottesbegegnung sehen

HERZWORT

Selbstverständlich ist es nicht verboten,
im rechten Moment
die eigene Meinung zu sagen,
aber immer mit Respekt
und einer Prise Humor,
doch ohne jemand zu verletzen.

Johannes XXIII.

Um die „Umstehenden“ und die „Umstände“
richtig zu orten,
muss ich herausfinden, wo ich stehe.
Dabei geht es nicht nur um politische,
religiöse und gesellschaftliche „Standpunkte“,
es geht um die Frage, wie ich mich selbst verstehe,
wie ich zu mir stehe.
Ich gebe dieser Frage Kraft und Gewicht
in meinen Gedanken, Meditationen und Gebeten.
Welches Bild von mir habe ich?
Wie nehme ich mich wahr?
Welche Bedürfnisse habe ich?
Wie gehe ich mit mir um?

Ich nehme aufmerksam die Umstände, unter denen
ich lebe, wahr:
Wie bin ich dahin gekommen, wo ich bin?
Mit wem lebe und arbeite ich zusammen und warum?
Wie nahe stehen mir die Menschen
meiner Umgebung?
Was erwarten diese Menschen von mir?
Was bedeuten sie mir?
Welche Erwartungen und Wünsche höre ich
immer wieder?

✦

Zu den Umständen, unter denen ich lebe,
gehören auch Fakten, Situationen,
Arbeitsbedingungen, Wohnverhältnisse ...
Ich schaue mir diese einmal näher an.
Welche habe ich mir selbst ausgewählt?
Welche sind fremdbestimmt?
Was kann ich gut annehmen?
Womit tue ich mir schwer?

✦

Es gibt Umstände, gegen die ich mich wehren muss
(Unrechtsverhältnisse, Abhängigkeiten ...).
Wo muss ich bewusst nein sagen?
Wo muss ich Partei ergreifen,
auch wenn dabei das gewohnte Gefüge
ins Wanken gerät?
Wo ist es gut, mich einzufügen?
Wie kann ich meine Solidarität für das größere Ganze
zum Ausdruck bringen?

Fünftes Gebot *der Gelassenheit*

Heute, nur heute
werde ich zehn Minuten meiner Zeit
einer guten Lektüre widmen;
wie die Nahrung
für das leibliche Leben notwendig ist,
so ist die gute Lektüre
notwendig für das Leben der Seele.

Margarethe von Trottas Film „Vision“ zeigt eine Szene, in der Hildegard von Bingen ein halbes Dutzend Bücher überbracht werden. Ihr Glück ist unfassbar. Bücher! Geschriebenes Wissen, geschriebene Weisheit. – Gegen dieses Glück ist meine Begeisterung, wenn ich im Buchladen unter 20.000 Exemplaren eines auswähle, relativ gemäßigt. Manchmal stelle ich fest, dass ein Buch, das ich vor einem halben Jahr gekauft habe, noch unberührt im Regal steht.
Zehn Minuten lesen am Tag, schlägt Johannes XXIII. vor. Das ist nicht viel, aber oft schaffe ich nicht einmal das. Tatsächlich prasseln täglich irgendwelche Texte auf mich ein: die Gebrauchsanweisung für den neuen Drucker, die Packungsbeilage meiner Medikamente, die Psalmen am Morgen, die Tabelle der Bundesliga, die Termine im Kalender, die Mails, die heute angekommen sind, der Artikel, den ich mir aus Wikipedia ausgedruckt habe, die SMS auf dem Handy und, und, und. Ich lese viel mehr als zehn Minuten am Tag. Meine Augen wandern ständig über Gedrucktes. Buchstaben umgeben mich überall und üben Macht auf mich aus. Aber was lese ich? Gute Lektüre?

In besagtem Film macht Hildegard deutlich, was Bücher für sie bedeuten: Hier sind die Ergebnisse aus Forschung und Wissenschaft ebenso festgehalten wie die Geheimnisse der Natur und die Geschichte der Menschheit. Was Menschen sich erarbeitet haben in Musik, Medizin, Kultur, Philosophie – durch Bücher ist es zugänglich und so weitet sich der Horizont unserer Erkenntnis.
Mehr denn je müssen wir heute allerdings die Geister unterscheiden. Unter dem breiten Angebot der Medien gibt es Seichtes und Tiefgründiges, Gefährliches und Lebenswichtiges. Die Vielfalt macht es uns schwer: Vieles stürmt auf uns ein und wir können es gar nicht verarbeiten. Eine vornehmliche Aufgabe besteht darin, auszuwählen. Gute Lektüre empfiehlt uns Johannes XXIII. Das Ergebnis der sorgfältigen Wahl mag für jede und jeden verschieden sein, aber auf einen Nenner gebracht könnte es heißen: Gute Lektüre sind Medien – gedruckte oder elektronische –, die mich in meiner persönlichen Reife weiterbringen, die meine Sympathie für andere Menschen und Geschöpfe entfalten und die meine Seele für Gottes Wirklichkeit öffnen.

WEGZEICHEN

Dein Wort in Gottes Ohr?
Nein:
SEIN Wort in MEINEM Ohr
Denn dieses Wort war am Anfang
von allem

Ewige Weisheit
nähre mich
mit deinen zeitlosen Worten
lass mich heute Worte finden
die das Echo meines Herzens wecken
lass mich Lehren entdecken
die mir deine Tiefe erschließen

Denn wir leben
nicht vom Brot allein
sondern von jedem Wort
aus deinem Mund

Ricarda Moufang

Der Sämann

Jesus erzählte der Menge das folgende Gleichnis: Mit dem Himmelreich ist es wie mit einem Mann, der guten Samen auf seinen Acker säte. Während nun die Leute schliefen, kam sein Feind, säte Unkraut unter den Weizen und ging wieder weg. Als die Saat aufging und sich die Ähren bildeten, kam auch das Unkraut zum Vorschein. Da gingen die Knechte zum Gutsherrn und sagten: Herr, hast du nicht guten Weizen auf deinen Acker gesät? Woher kommt dann das Unkraut? Er antwortete: Das hat ein Feind von mir getan. Da sagten die Knechte zu ihm: Sollen wir gehen und es ausreißen? Er entgegnete: Nein, sonst reißt ihr zusammen mit dem Unkraut auch den Weizen aus. Lasst beides wachsen bis zur Ernte. Wenn dann die Zeit der Ernte da ist, werde ich zu den Arbeitern sagen: Sammelt zuerst das Unkraut und bindet es in Bündeln, um es zu verbrennen; den Weizen aber bringt in meine Scheune (Mt 13,24–30).

Wie im richtigen Leben steht auch im Reich Gottes Weizen direkt neben Unkraut. Wörtlich übersetzt müsste es „Tollkraut" heißen. Das ist ein übles Gewächs, sieht so aus wie Getreide, wächst über die Weizenhalme hinaus und gräbt tiefe Wurzeln in den Boden. Seine Körner sind hochgiftig. Nie darf davon auch nur ein einziges in das Brotmehl hineingemahlen werden.

Bei Jesus höre ich sowohl eine Frage als auch eine Einladung. Die Frage heißt: Warum geht es dir in deinem Leben vornehmlich darum, das Tollkraut auszureißen? Wer hat denn gesagt, dass dies deine erste Pflicht ist? Es ist doch wohl Gottes Sache, Weizen von Tollkraut zu trennen. Und das erst bei der Ernte.
Und die Einladung: Auf unserem Lebensacker wächst nach der Aussage Jesu viel guter Weizen. Die Samenkörner dafür hat Gott ausgesät. Wir können uns darauf verlassen, dass dieser göttliche Same viel Kraft hat. Mehr Kraft als das Unkraut und Tollkraut daneben. Unsere Aufgabe ist es, dem Weizen Zeit zu geben, dass er wachsen kann.
Das Reich Gottes beginnt tatsächlich in unseren Köpfen und in unseren Herzen. Das Unkraut und Giftkraut der Welt reißen wir nicht aus mit ein paar Guttaten. Aber das von Gott gesäte Leben verdient unsere Aufmerksamkeit. Und mit ihm wächst das Reich Gottes.

Gelassenheit

- Das Gift beim Namen nennen, aber nicht davor in Panik geraten
- Die geistvollen Initiativen hervorheben und sie fördern
- Den Gesetzen und Kräften des Wachstums Vertrauen schenken
- Es Gott überlassen, das Böse zu entfernen oder zu verwandeln

HERZWORT

Darauf kommt es an:
sich immer zu bewegen,
sich nicht in eingefahrenen Gewohnheiten
auszuruhen,
sondern immer auf der Suche
nach neuen Kontakten zu bleiben,
immer aufgeschlossen zu sein
für die berechtigten Forderungen der Zeit,
in der wir zu leben haben,
damit Christus auf jede Weise
verkündet und erkannt wird.

Johannes XXIII.

Ich reflektiere,
was ich an Geschriebenem und Abgebildetem
im Lauf eines Tages aufnehme.
Ich überlege am Abend:
Welche Lektüre, welche Medien waren notwendig,
hilfreich, unterhaltsam ...?
Was war unnötig, verdummend, manipulativ ...?
Vielleicht möchte ich auch eine Zeitlang aufschreiben,
welche Medien ich in Anspruch nehme.

Ich schaue mir mein Bücherregal an:
Was lese ich bevorzugt?
Welches waren für mich die fünf besten Bücher
der letzten Jahre?
Warum?
Welche Bücher könnte ich ohne Verlust aussortieren?
(Eine ähnliche Auswahl kann ich mit anderen Medien
vornehmen).

Ich lege zwei, höchstens drei Bücher,
aus denen ich in der kommenden Zeit täglich
zehn Minuten lesen werde,
an einen gut sichtbaren Platz
in meinem Wohn- oder Schafzimmer.
Ich überlege mir, mit welchem Ziel
ich diese Bücher lese.
In meiner Auswahl hat auch Humorvolles
und Unterhaltsames seinen Platz,
ich entscheide mich bewusst dafür.

Welchen Stellenwert hat die Bibel in meinem Leben?
Wo steht sie?
Hat meine Bibellektüre einen bestimmten Zweck
(Liturgie, Unterrichtsvorbereitung, Vortrag ...) oder
lese ich auch hin und wieder zweckfrei darin?
Gibt es Lieblingsbücher und bevorzugte Stellen
im Alten und Neuen Testament?
Was bedeutet mir das Wort Gottes
für meinen Glauben?

Sechstes Gebot *der Gelassenheit*

Heute, nur heute
werde ich
eine gute Tat vollbringen,
und ich werde es
niemandem erzählen.

„Es gibt nichts Gutes. Außer man tut es" – der berühmte Zweizeiler von Erich Kästner bringt auf den Punkt, was der Menschheit und der Welt wirklich zum Guten dient. Über das Gute wird überall nachgedacht, geredet und geschrieben. Irgendwie sehnen sich alle Menschen nach dem Guten, irgendwie ahnen sie alle, was das ist. Die Philosophen und Theologen aller Zeiten haben sich mit den Grundlagen der Ethik beschäftigt und die Frage, was moralisch ist und was nicht, wird in vielen Büchern behandelt. Und doch wird über kaum ein Thema so viel gestritten wie über die Frage, was gut ist. Da ist der Satz Kästners geradezu befreiend: „Es gibt nichts Gutes. Außer man tut es." Was nützen uns alle Theorien? Handeln ist gefragt! Und weil die Menschen intuitiv wissen, dass es gut ist, den anderen das zu gönnen, was ihnen zum Leben dient, und für sie einzustehen, wenn sie Hilfe brauchen, darum existiert das Gute nur, wenn wir es tun.
Das weiß auch Johannes XXIII. Er weiß noch mehr: Das Gute kann uns überfordern. Manche sehen so viel Not, dass sie sich ohnmächtig zurückziehen. Andere stürzen sich in einen Aktivismus und machen sich dabei kaputt. Darum gilt: Es geht nicht um das Gute schlechthin, sondern um das, was heute dran ist. Wenn ich mich jeden Tag auf das konzentriere, was heute möglich und notwendig ist, dann trage ich meinen Teil zum Wohl der Menschheit bei.

Der zweite Teil dieses Gebotes macht mir eher Kopfzerbrechen: „und ich werde es niemand erzählen". Ich kenne ein anderes Wort: „Tue Gutes und rede darüber!" Dieses Zitat von Walter Fisch, einem kommunistischen Politiker der Nachkriegszeit, kann man sogar auf den Plakaten kirchlicher und gemeinnütziger Institutionen finden. Ja, das Gute ist es wert, dass es bekannt gemacht wird. Nur so steckt es an, nur so beflügelt es möglichst viele.

Was Johannes XXIII. meint, ist jedoch genauso wichtig: Wer sich des Guten, das er tut, rühmt, sucht Anerkennung und Ehre, das heißt sich selbst. Wirkliche Güte geschieht im Verborgenen. Echte Liebe genügt sich selbst. Oder wie es Jesus sagt: *„Wenn du Almosen gibst, soll deine linke Hand nicht wissen, was deine rechte tut. Dein Almosen soll verborgen bleiben und dein Vater, der auch das Verborgene sieht, wird es dir vergelten"* (Mt 6,3).

Gütiger Gott

Was ist das – eine „gute Tat"?

Zuhören?
Arbeiten gehen?
Spenden?
ein Lächeln schenken?
Putzen?
Beten?
Einfach tun, was zu tun ist?
Mit Liebe?

Oder ist die gute Tat
ein „großes" Werk?
Eine Bewegung gründen?
Demonstrieren gehen?
Protestmails senden?
Internet-Petitionen unterschreiben?

Was ist das – eine „gute Tat“?

Der Engel spricht:
Jesus in allem sehen
Dann ist jede Tat
eine gute Tat

Lobe den HERRN, meine Seele
Und vergiss nicht
was er dir Gutes getan hat

Ricarda Moufang

SCHRIFTWORT

Ezechiel

Darauf führte er mich zurück, am Ufer des Flusses entlang. Als ich zurückging, sah ich an beiden Ufern des Flusses sehr viele Bäume. Er sagte zu mir: Dieses Wasser fließt in den östlichen Bezirk, es strömt in die Araba hinab und läuft in das Meer, in das Meer mit dem salzigen Wasser. So wird das salzige Wasser gesund. Wohin der Fluss gelangt, da werden alle Lebewesen, alles, was sich regt, leben können, und sehr viele Fische wird es geben. Weil dieses Wasser dort hinkommt, werden die Fluten gesund; wohin der Fluss kommt, dort bleibt alles am Leben. Von En-Gedi bis En-Eglajim werden Fischer am Ufer des Meeres stehen und ihre Netze zum Trocknen ausbreiten. Alle Arten von Fischen wird es geben, so zahlreich wie die Fische im großen Meer. Die Lachen und Tümpel aber sollen nicht gesund werden; sie sind für die Salzgewinnung bestimmt. An beiden Ufern des Flusses wachsen alle Arten von Obstbäumen. Ihr Laub wird nicht welken, und sie werden nie ohne Frucht sein. Jeden Monat tragen sie frische Früchte; denn das Wasser des Flusses kommt aus dem Heiligtum. Die Früchte werden als Speise und die Blätter als Heilmittel dienen (Ez 47,6b–12).

Eine großartige Vision. Vom Tempel her kommt lebendiges Wasser. Es wird zu einem Fluss, der die Ufer fruchtbar werden lässt. Auch das Salzwasser, in dem keine Fische und andere Wassertiere leben können, wird verwandelt. Es wird durch die Kraft des lebendigen Wassers, das aus dem Tempel strömt, gesund. Selbst die „Lachen und Tümpel" sind lebensnotwendig, denn sie werden für die Salzgewinnung gebraucht. Und die ungenießbaren Blätter dienen als Heilmittel.

Der Prophet Ezechiel hat diese Trostschrift in einer bitteren Zeit verfasst. Er befindet sich zusammen mit König Jojachin und einem großen Teil seines Volkes im babylonischen Exil. Er schreibt, um sein Volk an die eigene Stärke zu erinnern, und vor allem, um Gottes Gegenwart und Führung ins Gedächtnis zu rufen.

Gelassenheit

- Sich auf die eigenen Kräfte besinnen

- Aus den inneren Quellen schöpfen

- Das Bittere und Unvermeidbare
  mit den Augen des Glaubens sehen

- Sich in allem der Führung Gottes überlassen

HERZWORT

Gott sieht nicht
auf die Vielzahl der Handlungen,
sondern darauf,
wie ich sie vollbringe.
Er fordert das Herz
und nichts anderes.

Johannes XXIII.

Anstatt großer Vorsätze,
die am Morgen gefasst werden
und dann im Lauf des Tages in Vergessenheit geraten,
will ich lieber aufmerksam sein für das,
was während des Tages auf mich zukommt.
Ich stelle mich auf die Signale der Menschen ein,
die mir heute begegnen.
Ich werde spüren, wo ein Gespräch
oder eine Hilfeleistung angebracht ist.

Wenn ich eine gute Tat beginne,
versuche ich sie auch zu einem Ergebnis zu bringen.
Ich prüfe mich auf meine innere Konsequenz
und Treue hin.
Wenn ich an die Grenzen meiner Zeit
oder meiner Fähigkeiten stoße,
dann lasse ich das Begonnene nicht einfach fallen,
sondern suche einen anderen Weg oder erkläre mich.

Um Gutes tun zu können,
brauche ich ein Maß an Zeit und Kompetenzen.
Ich bemühe mich, mir Räume freizuhalten,
in denen ich für andere ansprechbar bin.
Ich bemühe mich,
über meine eigenen Bedürfnisse hinaus
mich für das Wohlergehen meiner Mitmenschen
zu interessieren
und für sie anfragbar zu sein.

Ich freue mich am Guten, das mir gelungen ist,
und überlege, mit wem ich darüber spreche.
Ich tue dies ohne Selbstgefälligkeit
und Zurschaustellung,
aber auch ohne falsche Scheu.
Ich vermeide in jedem Fall, jene zu beschämen,
denen ich helfe.

Siebtes Gebot *der Gelassenheit*

Heute, nur heute
werde ich etwas tun,
wozu ich eigentlich keine Lust habe;
sollte ich es als eine Zumutung empfinden,
werde ich dafür sorgen,
dass niemand es merkt.

„Ich habe überhaupt keine Lust dazu" – oft ist dieser Satz das Motiv, etwas nicht zu tun. Und manchen genügt dies auch als Begründung. Etwas tun, obwohl ich eine innere Aversion überwinden muss, einem Menschen helfen, mit dem ich schlechte Erfahrungen gemacht habe, das erfordert viel Kraft.

Der innere Kampf findet jeden Tag statt: Auf dem Schreibtisch liegen Briefe, die mich ärgern. Ein Blick in den Kühlschrank sagt mir, dass ich einkaufen muss, obwohl ich was ganz anderes vorhatte. Ein Anrufer bittet mich um einen Gefallen, ich erinnere mich, dass er mir vor einem Monat eine Absage gegeben hat.

Mitunter ging es mir besser, wenn ich mich auf die Herausforderung einließ, als wenn ich meiner Unlust nachgab. Dann nämlich blieb mir das schale Gefühl zurück, dass ich es nicht geschafft hatte, mich zu disziplinieren, und dass ich egoistisch war.

Der Gegensatz zum Egoismus ist der Blick über mich selbst hinaus. Die Welt ist mehr als meine kleine Welt und ich selbst bin mehr als meine Bedürfnisse. Das Wort „Überwindung" klingt in vielen Ohren asketisch und verstaubt. In Wirklichkeit meint es, dass ich fähig bin, die Spirale meines Lebens „über mich selbst hinaus zu winden". Das kann ich, weil ich Mensch bin, und es ist eine meiner großartigsten Fähigkeiten. Ja es ist geradezu göttlich, weil mir Gott die Kraft und die Berufung dazu gegeben hat.

„Nur für heute werde ich etwas tun, wozu ich keine Lust habe ...“ Etwas – das ist keine Serie von Über-Windungen, es ist ein kleines Stück über das Bisherige hinaus. Es kann im Leben nicht darum gehen, zu stagnieren. Oder gar sich zu ducken und kleiner zu werden. Es geht darum, größer zu werden, Leben in Fülle zu erfahren.

Es ist vielleicht die Ironie des Schicksals, dass sich mein Ego mitunter beleidigt fühlt, wenn ich über mich hinauswachse. Es meckert, schmollt und reagiert gereizt. Er will lieber seine Bedürfnisse ausleben. Meine innere Auseinandersetzung ist anstrengend und gewiss können jene meiner Mitmenschen, die mich gut kennen, diese in meinem Gesicht ablesen. Aber ich möchte nicht zu jenen gehören, die herumposaunen, auf was sie gerade „Bock“ haben und auf was nicht. Ich möchte es lieber mit Johannes XXIII. halten und mit dem, was in meinem Inneren kämpft, in Geduld und Gelassenheit umgehen.

Lebendiger Gott

Lust am Leben
heißt nicht
Leben nach dem Lustprinzip

Lust am Leben heißt
Leben mit vollem Einsatz
ganz und gar leben
auch in den Herausforderungen
auch im Leid

Lass uns in den
lustlosen Momenten
immer noch wahrnehmen:
das Lichtspiel der Sonne im Laub
das fröhliche Lachen junger Menschen
auf den Straßen
das gute Gefühl
mit all der Arbeit
einschließlich ihrer Zumutungen
gebraucht zu werden
am Leben
an Lust und Leid
Teil zu haben

Ricarda Moufang

Josef

Mit der Geburt Jesu Christi war es so: Maria, seine Mutter, war mit Josef verlobt; noch bevor sie zusammengekommen waren, zeigte sich, dass sie ein Kind erwartete – durch das Wirken des Heiligen Geistes. Josef, ihr Mann, der gerecht war und sie nicht bloßstellen wollte, beschloss, sich in aller Stille von ihr zu trennen. Während er noch darüber nachdachte, erschien ihm ein Engel des Herrn im Traum und sagte: Josef, Sohn Davids, fürchte dich nicht, Maria als deine Frau zu dir zu nehmen; denn das Kind, das sie erwartet, ist vom Heiligen Geist. Sie wird einen Sohn gebären; ihm sollst du den Namen Jesus geben; denn er wird sein Volk von seinen Sünden erlösen. Dies alles ist geschehen, damit sich erfüllte, was der Herr durch den Propheten gesagt hat (Mt 1,18–22).

Josef von Nazaret ist ein Schweiger. Es sieht so aus, als sei er ein Statist im Leben Jesu. Aber das ist nicht wahr. Matthäus erzählt uns eine Geschichte, die ganz dramatisch beginnt. Alle Lebensträume Josefs platzen: Seine Träume von einer glücklichen Ehe, einer gesunden Familie, einer sinnvollen Arbeit. – Er entdeckt: Seine Verlobte ist schwanger, er aber ist nicht der Vater! In seinem Schmerz beschließt er, *„sich in aller Stille von ihr zu trennen"* (Mt 1,19b).

Im Traum erscheint ihm ein Engel und sagt ihm, es bestehe kein Grund zur Trennung. Ja er gebietet ihm in Bezug auf das Kind: *„Ihm sollst du den Namen Jesus geben!"* (Mt 1,21b). Nach jüdischem Recht ist der Namensgeber auch der legitime Vater.

Der Auftrag an Josef gilt im übertragenen Sinn jedem von uns: Jesus meinen Namen geben. Er will mit mir Wohnung, Zeit, Alltag, Gegenwart und Zukunft teilen. Er will mit mir leben. Er möchte, dass ich meine Existenz mit ihm verbinde. Wenn ich ihm meinen Namen gebe, dann bin ich in Wahrheit verwandt mit ihm. Darin liegen eine große Freiheit und eine unglaubliche Würde.

Und umgekehrt: Ich bekomme seinen Namen: „Jesus" – auf Aramäisch „Jeschua", auf Deutsch „Gott lässt Gnade walten". Ich habe es nicht nötig, vor Gott um Gnade zu winseln. Ich habe es erst recht nicht nötig, vor Menschen um Gnade zu winseln. Ich bin eine freie Bürgerin/ein freier Bürger Gottes. Ich trage seinen Namen. Er trägt den meinen.

- Vor endgültigen Entscheidungen auf andere Stimmen hören

- Mit meinem guten Namen für gute Initiativen einstehen

- Den Namen Jesu meditieren

- Immer wieder fragen: Was würde Jesus an meiner Stelle tun?

HERZWORT

Etwas weniger essen als bisher
wird mir sicher guttun.
Ich werde meine Portionen deshalb halbieren
und in der Regel weniger Wein trinken
und diesen noch mit Wasser vermischt.
Wenn ich darüber nachdenke,
habe ich den Eindruck,
zu viel zu versprechen.
Doch ich hoffe,
dass der Herr mir hilft,
meinem Vorsatz treu zu bleiben,
und dass er mir die Ausführung
milde erscheinen lässt.

Johannes XXIII.

Um tun zu können, wozu ich keine Lust habe,
muss ich Lust und Unlust in mir besser kennen
und unterscheiden lernen.
Also gebe ich meinen Gefühlen mehr Raum
und schenke ihnen Obacht.
Was fühle ich, bevor ich ein Gespräch,
eine Arbeit oder eine Reise beginne?
Woher kommt die Lust?
Woher die Unlust?
Was sagen mir diese Gefühle?

Unlust hat oft einen Erfahrungshintergrund.
Da ist vielleicht ein Mensch im Spiel,
mit dem ich einen Konflikt hatte.
Da habe ich schon einmal einen Versuch gemacht
und bin gescheitert.
Da bin ich schon als Kind verspottet worden.
Solche Erfahrungen sind uns in der konkreten
Situation meist nicht so recht bewusst.
Umso mehr ist die Frage nach dem „Warum“
bei Unlustgefühlen hilfreich.

Es ist eine gute Angewohnheit,
zu Beginn des Tages die verschiedenen Aufgaben
im Kalender mit „angenehm“ und „unangenehm“
zu kennzeichnen.
Wenn ich die unangenehmen Aufgaben
zuerst erledige,
kostet dies einen Schub an Energie;
dann aber ist meine Seele entlastet
und ich gehe motiviert an jene Aufgaben,
die Freude machen.

Eine gute Portion Humor hilft mir,
leichter mit den Dingen umzugehen,
zu denen ich keine Lust habe,
und mit den Menschen zu kommunizieren,
die mir auf die Nerven gehen.
Ein „Jetzt erst recht!“ macht mitunter geradezu Spaß.
Ich bemühe mich um jene Lebenskunst,
die darin besteht,
trotz Ärger und Unlust fröhlich zu sein.

Achtes Gebot *der Gelassenheit*

Heute, nur heute
werde ich ein genaues Tagesprogramm auf-
stellen.
Vielleicht halte ich mich nicht genau daran,
aber ich werde es aufsetzen.
Und ich werde mich
vor zwei Übeln hüten:
vor der Hetze
und vor der Unentschlossenheit.

Gegen dieses Gebot des Papstes spricht die Erfahrung, dass ich zwar zu Beginn eines Tages in der Regel ziemlich genau weiß, was ich will, dass mir aber dann der konkrete Tagesablauf alle Planungen umstößt. Ein akutes Problem jagt das andere, unvorhergesehene Fragen fordern eingehende Prüfung und rasche Entscheidungen. Und am Abend habe ich das Gefühl, nichts von dem erreicht zu haben, was ich mir zum Ziel gesetzt hatte. – Ist es da nicht besser, sich ganz ohne Pläne auf das einzulassen, was kommt?

Diese Erfahrung kannte gewiss auch Johannes XXIII. Und doch ist es für ihn ein Gebot, das ihm Gelassenheit schenkt: „Ich werde ein genaues Programm aufstellen ..." Er weiß: Wenn ich nicht plane, werde ich verplant. Dann treiben mich die anderen, die Sachzwänge, die aktuellen Bedürfnisse ... Das Ergebnis ist dann nicht selten ein tiefes Missbehagen am Leben. Ein Programm gibt mir die Möglichkeit, Prioritäten zu setzen. So kann ich selbst bestimmen, wie wichtig mir eine Arbeit ist, wie wichtig eine Begegnung, wie wichtig Freizeit oder Gebet.

Verkehrt wäre es, sein Programm abzuhaken und von einer Sache zur anderen zu hetzen. Bei allen Planungen gilt der Grundsatz, dass Menschen immer Vorrang haben. Wenn ich mich dazu bekenne, dann muss ich eben auch um eines Menschen willen meinen Laptop liegen lassen oder meinen Terminkalender ändern. Und dies gilt ebenso für die Begegnung mit Gott. Keine Frage: Gott braucht mein Gebet nicht, aber ich brauche es – um ein vom Geist getragenes Leben zu führen.

WEGZEICHEN

Jesus
ich bin eingespannt
in Tages-, Wochen- und Jahrespläne –
Das gab es noch nicht
zu deiner Zeit

Anstrengend
das ständige Jonglieren
mit Kalendern und Wochenplanern

Wo finde ich
ein „Zeitfenster" für dich?

Komm einfach vorbei
ganz ungeplant
zeige mir von neuem
was wichtig ist

Du
mein Zeitfenster
zur Ewigkeit

Ricarda Moufang

SCHRIFTWORT

Die Jünger Jesu

Geht! Ich sende euch wie Schafe mitten unter die Wölfe. Nehmt keinen Geldbeutel mit, keine Vorratstasche und keine Schuhe! Grüßt niemand unterwegs! Wenn ihr in ein Haus kommt, so sagt als Erstes: Friede diesem Haus! Und wenn dort ein Mann des Friedens wohnt, wird der Friede, den ihr ihm wünscht, auf ihm ruhen; andernfalls wird er zu euch zurückkehren. Bleibt in diesem Haus, esst und trinkt, was man euch anbietet; denn wer arbeitet, hat ein Recht auf seinen Lohn. Zieht nicht von einem Haus in ein anderes! Wenn ihr in eine Stadt kommt und man euch aufnimmt, so esst, was man euch vorsetzt. Heilt die Kranken, die dort sind, und sagt den Leuten: Das Reich Gottes ist euch nahe.
Die Zweiundsiebzig kehrten zurück und berichteten voll Freude: Herr, sogar die Dämonen gehorchen uns, wenn wir deinen Namen aussprechen. Da sagte er zu ihnen: Ich sah den Satan wie einen Blitz vom Himmel fallen. Seht, ich habe euch die Vollmacht gegeben, auf Schlangen und Skorpione zu treten und die ganze Macht des Feindes zu überwinden. Nichts wird euch schaden können. Doch freut euch nicht darüber, dass euch die Geister gehorchen, sondern freut euch darüber, dass eure Namen im Himmel verzeichnet sind (Lk 10,3–9;17–20).

„Freut euch darüber, dass eure Namen im Himmel verzeichnet sind“, sagt Jesus. Das ist unsere wahre Würde: bei Gott einen Namen haben. Wir sind mehr als unsere Kleider und unsere Brieftaschen. Wir sind mehr als unsere Autos und unsere Wohnungen. Wir sind mehr als unser Outfit und unser Schmuck. Wir haben einen anderen, größeren Schatz: *„Das Reich Gottes ist mitten unter uns.“*
Manchmal begegnen wir Menschen, die das begriffen haben. Sie tragen nichts vor sich her. Keine Dinge, keine Vorurteile, keinen Panzer um ihr Herz. Sie begegnen uns mit einem offenen Herzen. Sie sind darum verletzbar. Wie Lämmer unter Wölfen. Aber wir spüren, dass in ihnen eine vitale Kraft steckt. Wir spüren eine Ausstrahlung. Sie berühren uns. Sie sagen vielleicht gar nichts von Gott, aber wir wissen intuitiv: *„Das Reich Gottes ist mitten unter uns.“*

Gelassenheit

- Darauf vertrauen, dass mir im Letzten niemand und nichts schaden kann

- Meinen Namen bei Gott aufgehoben wissen

- Anderen von Herzen den Frieden wünschen

- Auf Entdeckungsreise gehen nach den Spuren des Reiches Gottes in der konkreten Welt

Ich will versuchen,
nichts aufzuschieben,
was dringend zu erledigen ist,
mir aber die Ruhe bewahren, die nötig ist,
damit etwas gelingt ...
Wer die Dinge übereilt, kommt nie weit.

Johannes XXIII.

Ich frage mich zu Beginn eines Tages:
Welche Menschen warten auf mich?
Was will ich für sie tun und wann?
Bleibt für mich selbst Zeit –
zum Lesen, Ausruhen, Kaffeetrinken ...?
Bleibt Zeit für die Begegnung mit Gott? –
Wenn ich diese Prioritäten
in den Tag eingeplant habe,
dann sind zweitrangige Fragen dran:
Arbeit, Reisen, Einkauf, Erledigungen.

Wenn ich mich nicht an mein Programm halten kann,
will ich mit mir gnädig umgehen.
Ich bin eben nur in begrenztem Sinn
Herr meiner Zeit.
Und das ist gut so.
Ich will darüber nachdenken, was mich bewegt hat,
meine Planung umzuwerfen.
Ich will unterscheiden
zwischen notwendiger Flexibilität
und inkonsequentem Verhalten.

✦

Oft reagiere ich hektisch, nervös, unkontrolliert.
Mitunter ist dies durch die äußeren Umstände bedingt.
Diese kann ich nicht ändern.
Wohl aber kann ich lernen,
auf eine gesunde Distanz zu gehen,
anstatt mich unnötig in Aufregung versetzen zu lassen.
Ich kann meine Zeitfenster großzügiger gestalten.
Oder mir Hilfe bei anderen Menschen holen.

✦

Ich muss täglich Entscheidungen treffen,
selbst im Urlaub oder in Krankheit.
Manchmal treffe ich sie aus dem Bauch heraus,
manchmal wäge ich sorgfältig die Argumente ab.
Beides ist gut:
Meine Entscheidungen brauchen
die Kraft meiner Gefühle
und die Kraft meines Verstandes.
Am besten sind meine Entscheidungen,
wenn mir die Synthese
zwischen Bauch und Kopf gelingt.
Dann bin ich in Berührung mit der „Logik des Herzens“.
Vor allem aber will ich bei wichtigen Entscheidungen
ins Gebet gehen
und um Gottes Geist bitten.

Neuntes Gebot *der Gelassenheit*

Heute, nur heute
werde ich fest daran glauben –
selbst wenn die Umstände
mir das Gegenteil zeigen sollten –,
dass die gütige Vorsehung Gottes
sich um mich kümmert,
als gäbe es sonst
niemanden auf der Welt.

Rund 7 Milliarden Menschen leben auf dieser Erde. Jeder dieser Menschen trägt ein unverwechselbares Gesicht, lebt eine einmalige Geschichte, birgt in seinem Herzen Geheimnisse, die niemand sonst kennt. Da kommt mir allein schon der Gedanke vermessen vor, es gäbe „sonst niemanden auf der Welt“, wie Johannes XXIII. es formuliert.
Und doch: Ich kenne auch das Gefühl, dass wohl niemand auf der Welt den Schmerz versteht, den ich gerade erleide; dass niemand nachfühlen kann, was ich erlebe; dass ich niemandem verständlich machen kann, was in meinem Inneren vor sich geht. Irgendwo bin ich – ist jede und jeder – ganz allein. Darf ich wirklich glauben, „dass die gütige Vorsehung Gottes sich um mich kümmert, als gäbe es sonst niemanden auf der Welt“? Will ich es denn glauben? Will ich nicht viel lieber ein autonomer Mensch sein, der unbeobachtet lebt, sich unkommentiert bewegt, sich selbst entscheiden und dabei auch Fehler machen kann?
Die Bibel beschreibt Gott nicht selten als eine Mutter, die sich mit ganzem Herzen ihrem Kind zuwendet. So schreibt Jesaja: *„Zion sagt: Der Herr hat mich verlassen, Gott hat mich vergessen. Kann denn eine Frau ihr Kindlein vergessen, eine Mutter ihren leiblichen Sohn? Und selbst wenn sie ihn vergessen würde: ich vergesse dich nicht – Spruch des Herrn“* (Jes 49,14 f.). Vielleicht ist Johannes XXIII. von diesem Bild inspiriert. Gott

weiß um jeden Menschen wie eine liebende Mutter. Er schließt keinen Menschen von dieser mütterlichen Liebe aus. Und doch meint er jede und jeden von uns ganz persönlich, „als gäbe es sonst niemanden auf der Welt“.
In der frühen Kirche gab es die Vorstellung, dass Gott jedem Menschen einen Engel zur Seite gestellt hat, der den göttlichen Entwurf dieses Menschen in sich trägt. Die in der christlichen Tradition als „Schutzengel“ dargestellten Wesen sind nicht nur dazu da, „ihren Menschen“ vor Bösem zu bewahren, sondern auch, uns zu zeigen, was wir in göttlicher Gnade und menschlicher Liebe werden können. Mir gefällt dieses Bild. Gottes Vor-Sehung ist das von ihm geschaute und entworfene Bild von mir. Es ist der Engel, der mit mir geht, nicht als pädagogische Mahnfigur, die mir die Messlatte des Lebens ständig höher hängt, sondern als Schwester oder Bruder, die oder der mit mir geht, mich tröstet, wenn ich hinter meinem eigenen Entwurf zurückbleibe, mich stützt, wenn ich zu fallen drohe, und mir mein Lebensziel – Gottes Reich – vor Augen führt.

WEGZEICHEN

Du rufst mich bei meinem Namen –
Man nennt das heute Projektion

Du fügst eine Begegnung –
Man nennt das heute Chaostheorie

Du mutest mir
Leid zu, Verlassenheit und Angst –
Man nennt das heute negatives Denken

Jesus, ich bitte dich
Mach uns arm im Geist!

Dann hören wir deinen Ruf –
und unser Weg wird verwandelt

Dann fügst du unsere Beziehungen –
und wir lernen lieben

Dann tragen wir unser Leid –
und unser Herz wird weit

Ricarda Moufang

SCHRIFTWORT

Der Scheunenbauer

Und er erzählte ihnen folgendes Beispiel: Auf den Feldern eines reichen Mannes stand eine gute Ernte. Da überlegte er hin und her: Was soll ich tun? Ich weiß nicht, wo ich meine Ernte unterbringen soll. Schließlich sagte er: So will ich es machen: Ich werde meine Scheunen abreißen und größere bauen; dort werde ich mein ganzes Getreide und meine Vorräte unterbringen. Dann kann ich zu mir selber sagen: Nun hast du einen großen Vorrat, der für viele Jahre reicht. Ruh dich aus, iss und trink und freu dich des Lebens! Da sprach Gott zu ihm: Du Narr! Noch in dieser Nacht wird man dein Leben von dir zurückfordern. Wem wird dann all das gehören, was du angehäuft hast? So geht es jedem, der nur für sich selbst Schätze sammelt, aber vor Gott nicht reich ist (Lk 12,16–21).

Jesus warnt uns in diesem Gleichnis vor der Habgier. Und doch sind nicht nur die Reichen gemeint. Gibt es nicht auch so etwas wie eine geistig-geistliche Habgier? Die Bestrebung, sich abzusichern mit tadellosem Verhalten, moralischen Bonuspunkten und religiösen Höchstleistungen. Gibt es nicht auch unter den Jüngern Jesu damals und heute „fromme Scheunenbauer"? Gläubige, die versuchen, ihre Lebenshäuser so groß und stabil wie nur irgend möglich zu bauen und die Scheunen bis unters Dach zu füllen? Ist es nicht im Grunde die Angst, die dazu motiviert? Die Angst, vor

Gott zu versagen? – „Du Narr!“, sagt Jesus. Leben ist keine Scheune, die wir bauen und füllen müssten. Leben ist Gnade. Umsonst, gratis.
An diesem Punkt wird das Gleichnis zum Evangelium, zur Frohen Botschaft. Jesus befreit uns aus dem Zwang, genügen zu müssen. Wir müssen uns weder die Erde noch den Himmel verdienen. Wir müssen und wir können uns nicht selbst erlösen. Um es mit Paulus zu sagen: *„Ihr steht nicht unter dem Gesetz, sondern unter der Gnade“* (Röm 6,14).

Gelassenheit

- Darauf verzichten, sich vor Gott zu beweisen oder zu verteidigen

- Zu seinen Fehlern und Unzulänglichkeiten stehen

- Den Gedanken zulassen, einmal mit leeren Händen zu sterben

- Die Gnade sehen, die in der Armut vor Gott liegt

HERZWORT

Man kann
mit einem Hirtenstab in der Hand
heilig werden,
aber ebenso gut auch
mit einem Besen.

Johannes XXIII.

Mich vorsehen bedeutet: nach vorne schauen,
vorausschauend denken und planen.
Meine persönlichen und beruflichen Entwicklungen
brauchen mutige Schritte in die Zukunft.
Dabei will ich die Gegenwart
nicht aus dem Auge verlieren.
Ich will mich immer ganz auf das Heute einlassen,
will mit ganzem Wesen präsent sein,
den Menschen mit offenem Gesicht begegnen
und den Kontakt zu meiner Wirklichkeit bewahren.

Mich vorsehen bedeutet auch,
mich nicht in meiner aktuellen Befindlichkeit
festbeißen.
Ich könnte sonst in Gefahr sein,
mich in meiner Gedanken- und Gefühlswelt
zu verlieren,
egozentrisch zu werden.
Ich will mich vorsehen in dem Sinn,
dass ich über mich hinaussehe,
andere und anderes in Blick nehme,
mich weiterentwickle
und in lebendiger Beziehung zu Gott
und den Menschen bleibe.

Gott ist mir viele Schritte voraus,
nicht nur, weil er das Ganze sieht,
sondern weil er in seiner Liebe das will,
was mir und uns allen letztlich zum Glück dient.
Mich der Vorsehung Gottes überlassen ist
ein mutiger Glaubensschritt.
Ich will ihn einüben, indem ich immer wieder sage
– und es genügt für heute – :
Ich überlasse mich dir!

Manchmal überfällt mich das Gefühl,
dass ich ja doch nur ein Stäubchen
in diesem Universum
und einer von Milliarden unter den
Menschengeschwistern bin.
Dass Gott um mich weiß in allen meinen Belangen,
dass er mir näher ist als die mir
am nächsten stehenden Menschen,
ja ich mir selbst –
ich will versuchen, es zu glauben.

Zehntes Gebot *der Gelassenheit*

Heute, nur heute
werde ich keine Angst haben.
Ganz besonders werde ich
keine Angst haben,
mich an allem zu freuen,
was schön ist,
und an die Güte glauben.

Das deutsche Wort „Angst“ kommt von Enge: Wenn wir uns in Gefahr fühlen, dann treibt uns ein innerer Impuls in die Enge. Dabei ist die Erfahrung der Enge durchaus doppeldeutig: Einerseits wird Enge von uns als begrenzend und bedrohlich erlebt, andererseits gibt sie uns gerade wegen ihrer Begrenztheit Sicherheit und Schutz. Tiere flüchten sich bei Gefahr spontan in ein Erdloch, eine Felsspalte oder eine Höhle. Wir Menschen machen es ähnlich: Wenn wir uns bedroht fühlen, machen wir uns ganz klein, ziehen uns zurück oder suchen die Geborgenheit der Sippe.

Bei Licht besehen, ist unsere Angst also kein „Systemfehler“, sondern ein genialer Reflex, der unserem Überleben dient. Nicht zuletzt aufgrund immer neuer Bedrohungen und der Reaktionen darauf ist im Lauf der Evolution das menschliche Gehirn immer größer geworden. Es hat sich zu einem komplexen Warn- und Schutzsystem unserer Spezies entwickelt und nach dem, was wir heute wissen, wird es sich auch noch weiterentwickeln.

In unserem Schutzbedürfnis entwickeln wir Menschen auch Ängste, die genau das Gegenteil bewirken: Sie treiben uns in die Gefahr und hindern uns am Leben. Es können Ängste entstehen, die unser gesundes Selbstvertrauen einschränken oder ganz lähmen. Ängste können selbst unser Gottesbild vergiften und in unserer Vorstellung den gütigen Schöpfer in einen schrecklichen Despoten oder unbarmherzigen Richter verwandeln.

Es ist nicht leicht, von destruktiven Ängsten befreit zu werden. Aber es ist möglich. Die Chance besteht darin, Angst in Vertrauen zu verwandeln. Dass unsere Seele dies kann, ist vielleicht eines ihrer größten Wunder.

Nur heute – ein kleiner Schritt. Ich werde gewiss auch heute meine destruktiven Ängste nicht ausmerzen, aber vielleicht kann ich sie ein Stück weit verwandeln. Ich kann mich mit ihnen vertraut machen. Dabei muss ich sie mitunter auch in Schranken weisen. Sie fallen mich nicht an, sie schützen mich. Ich sollte ihnen den Raum geben, der ihnen zusteht, nicht mehr und nicht weniger.

Jesus, mein Bruder

Es wird mal wieder eng
in meinem Leben
in meinen Beziehungen
in meinem Portemonnaie
in meiner Seele

Nimm mir meine Enge
nimm mir meine Angst –
Lass mich schauen
die Weite deines Himmels
Lass mich spüren
die Grenzenlosigkeit deines Windes
Lass mich erfahren
die Schönheit deiner Schöpfung

Lass mich deine Güte spüren
in meinem Herzen
das unbeirrbar schlägt
gehalten von Deinen Händen

Ricarda Moufang

Die Talentierten

Nach langer Zeit kehrte der Herr zurück, um von den Dienern Rechenschaft zu verlangen. Da kam der, der die fünf Talente erhalten hatte, brachte fünf weitere und sagte: Herr, fünf Talente hast du mir gegeben; sieh her, ich habe noch fünf dazugewonnen. Sein Herr sagte zu ihm: Sehr gut, du bist ein tüchtiger und treuer Diener. Du bist im Kleinen ein treuer Verwalter gewesen, ich will dir eine große Aufgabe übertragen. Komm, nimm teil an der Freude deines Herrn! Dann kam der Diener, der zwei Talente erhalten hatte, und sagte: Herr, du hast mir zwei Talente gegeben; sieh her, ich habe noch zwei dazugewonnen. Sein Herr sagte zu ihm: Sehr gut, du bist ein tüchtiger und treuer Diener. Du bist im Kleinen ein treuer Verwalter gewesen, ich will dir eine große Aufgabe übertragen. Komm, nimm teil an der Freude deines Herrn! Zuletzt kam auch der Diener, der das eine Talent erhalten hatte, und sagte: Herr, ich wusste, dass du ein strenger Mann bist; du erntest, wo du nicht gesät hast, und sammelst, wo du nicht ausgestreut hast; weil ich Angst hatte, habe ich dein Geld in der Erde versteckt. Hier hast du es wieder. Sein Herr antwortete ihm: Du bist ein schlechter und fauler Diener! Du hast doch gewusst, dass ich ernte, wo ich nicht gesät habe, und sammle, wo ich nicht ausgestreut habe. Hättest du mein Geld wenigstens auf die Bank gebracht, dann hätte ich es bei meiner Rückkehr mit Zinsen zurückerhalten (Mt 25,14–27)

Angst ist ein schlechter Ratgeber, auch die Angst vor Gott. Schuldig werden wir nicht, weil wir Angst haben. Schuldig werden wir, wenn wir in der Angst sitzen bleiben. Wenn wir uns und unser Talent vergraben. Die Angst vor Gott hindert uns daran, das zu werden, was Gott mit uns vorhat. *„Furcht gibt es in der Liebe nicht, sondern die vollkommene Liebe vertreibt die Furcht"* (1 Joh 4,18a).
Unser wahres Talent ist unser Vertrauen. Es ist die großartige Fähigkeit, über sich hinauszuwachsen, sich aus der Defensive zu lösen, anderen entgegenzugehen, Hände und Arme zu öffnen, Liebe zu wagen. Weil Gott uns mit einem grenzenlosen Vertrauen zuvorkommt, weil er uns zu seinen Kindern erklärt, darum ist es nur konsequent, alles aufs Spiel zu setzen, um dieses Talent zu vermehren, um im Gottvertrauen Grenze für Grenze zu überschreiten. Davon spricht Jesus.

Gelassenheit

- Meine eigenen Stärken, Begabungen, Talente kennen und schätzen lernen
- Darauf vertrauen, dass ich mich auf mich selbst verlassen kann
- Die sozialen Bezüge in Blick nehmen, auf die mich meine Talente verweisen
- Bei Entscheidungen dem Herzgefühl und dem Gottvertrauen Raum lassen

Wenn Gott den Schatten erschaffen hat,
dann war es,
um das Licht hervorzuheben.

Johannes XXIII.

Ich werde meine Ängste nicht bekämpfen
und ihnen auch nicht aus dem Weg gehen.
Ich werde sie anschauen und annehmen.
Ich werde mir bewusst,
dass sie mich schützen wollen,
dass sie dabei aber mitunter übertreiben.
Ich werde meine Ängste immer wieder befragen,
was sie mir sagen wollen.
Ich werde ihre Stimme
als eine Stimme der Sicherheit und des Gewissens
ernst nehmen.

Ich werde mit meinen Ängsten umgehen
wie mit besorgten Eltern,
die es lernen müssen, mich loszulassen.
Ich werde sie hören, ich werde mich aber nicht
von ihnen beherrschen lassen.
Ich werde mir immer wieder humorvoll sagen:
Ich habe Ängste, nicht die Ängste haben mich.

Ich werde mit guten Freundinnen und Freunden
über meine Ängste sprechen.
Im Aussprechen werden mir die Ängste greifbarer,
und ich kann sie aus der Distanz anschauen.
Die Rückmeldung lieber Menschen hilft mir,
mich wenn nötig auch von meinen Ängsten
zu trennen.

Ich werde meine Ängste ins Gebet nehmen.
In der Stille halte ich sie aus.
In der Gegenwart Gottes lerne ich,
sie geistlich zu unterscheiden.
Ich kann sie Gott anvertrauen
und mich im Vertrauen seiner Führung überlassen.

Übung *der Bescheidung*

Sie haben die „Gebote der Gelassenheit", die uns Johannes XXIII. hinterlassen hat, meditiert. Vielleicht haben sie Ihnen geholfen. Vielleicht sind Sie nicht recht froh geworden über die Vielzahl der Gebote und über die Tatsache, dass man Gelassenheit eben nicht gebieten kann.
Wir dürfen kein Leistungsprogramm daraus machen. Gelassenheit ist eben die Kunst des „Weniger", nicht die Kunst des „Mehr".
Seltsam, dass gerade da, wo wir das „Weniger" praktizieren, ein „Mehr" an Lebensqualität, Güte und Vertrauen wächst.
Darum kann Ihnen sozusagen als Nachwort ein Gedanke helfen, der ebenfalls von Johannes XXIII. stammt. Er spricht von der Selbstbescheidung. Auch in der Kunst der Gelassenheit beginnen wir jeden Morgen als Anfänger und Amateure. Das ist tröstlich und aufregend zugleich.
Johannes XXIII. hat dies anders gesagt, viel einfacher und klarer:

Nimm dir nicht zu viel vor.
Es genügt die friedliche,
ruhige Suche nach dem Guten
an jedem Tag zu jeder Stunde,
ohne Übertreibung
und ohne Ungeduld.

Das Leben liegt vor mir, darum ist meine ganze Existenz nach vorne gewandt. Meine Sinne – Augen, Ohren, Mund, Nase und in der Regel auch meine Hände – richten sich nach vorne, damit ich sehen, hören, riechen, schmecken und tasten kann, was vor mir liegt. Das Leben steckt mir große Ziele, vielleicht sogar ein Lebensziel. Das kann eine Partnerschaft, ein Berufswunsch, eine religiöse Gemeinschaft oder etwas anderes sein. Das Leben steckt mir auch kleinere Ziele: eine Reise in ein fremdes Land, eine Besuch bei Verwandten, die Lektüre eines Buches, neue Tapeten im Wohnzimmer, ein erholsames Wochenende ... Immer mit einem kleinen oder großen Ziel im Kopf richte ich meine Blicke nach vorne.

Manchmal geht es mir so, dass ich vor lauter Zielen die Wege dahin vergesse. Oder auch, dass ich Riesenschritte machen will, weil mich ein Ziel so sehr lockt, und dabei verstolpere ich mich. Beim Bergwandern habe ich gelernt, dass jene am besten ans Ziel kommen, die es langsam angehen lassen, die in gleichmäßigem Rhythmus einen Fuß vor den anderen setzen. Wer dagegen nach vorne prescht, sich übermäßig anstrengt und infolgedessen immer wieder Pausen einlegen muss, wird auf halbem Weg müde und muss vielleicht sogar abbrechen.

Es ist auf einem geistlichen Weg nicht anders. Schritt für Schritt, ein ruhiges Tempo, überschaubare Ziele. Wir sollten aber wach sein. Im Evangelium stellt uns Jesus jene klugen Mädchen vor, die zur Hochzeit des Königssohns auch „Öl in den Krügen" mitnehmen, damit ihre Lampen in der Nacht nicht ausgehen. Wenn wir die Lampen deuten als das, was nach außen leuchtet, etwa das Beispiel eines liebenden, gelungenen und erfüllten Lebens oder den engagierten Einsatz für eine wahrhaftige Kirche und für eine gerechte Gesellschaft, dann ist mit dem Öl wohl die Arbeit an der eigenen Persönlichkeit gemeint, das Hinhören im Gebet, die Übung eines geistlichen Lebens, mitunter schmerzhafte Reifung in Beziehungen. Johannes XXIII. nennt dies die „friedliche, ruhige Suche nach dem Guten".

Guter Gott

meine Maßstäbe
haben jedes Maß verloren

Ich erwarte
alles, und zwar sofort –

Von Dir
von den Anderen
von mir selbst

Ich bitte dich um
Bescheidenheit
damit ich unterscheide
worauf es wirklich ankommt
damit ich das kleine Gut
der ruhigen Minute
schätzen lerne

Ricarda Moufang

Zeuginnen und Zeugen der Auferstehung

Am ersten Tag der Woche gingen die Frauen mit den wohlriechenden Salben, die sie zubereitet hatten, in aller Frühe zum Grab. Da sahen sie, dass der Stein vom Grab weggewälzt war; sie gingen hinein, aber den Leichnam Jesu, des Herrn, fanden sie nicht. Während sie ratlos dastanden, traten zwei Männer in leuchtenden Gewändern zu ihnen. Die Frauen erschraken und blickten zu Boden. Die Männer aber sagten zu ihnen: Was sucht ihr den Lebenden bei den Toten? Er ist nicht hier, sondern er ist auferstanden. Erinnert euch an das, was er euch gesagt hat, als er noch in Galiläa war: Der Menschensohn muss den Sündern ausgeliefert und gekreuzigt werden und am dritten Tag auferstehen. Da erinnerten sie sich an seine Worte. Und sie kehrten vom Grab in die Stadt zurück und berichteten alles den Elf und den anderen Jüngern (Lk 24,1–9).

Wenn in den Auferstehungsberichten immer wieder in Erinnerung gerufen wird, was das Geheimnis und die Sendung Jesu ist, dann ist nicht die Erinnerung an Vergangenes gemeint. Erinnern heißt, sich im Inneren berühren lassen von dem, was Gegenwart ist und in Wahrheit zählt. Für die Jüngerinnen und Jünger sind es die Begegnungen mit Christus, dem *„Sohn des lebendigen Gottes"* (Mt 16,16). Diese Begegnungen finden im Heute statt.

Die Zeit, in der wir wirklich leben, ist die Gegenwart. Die Vergangenheit ist nicht mehr wirklich, die Zukunft ist noch nicht wirklich. Das Fatale ist, dass wir den Großteil unserer Aufmerksamkeit auf die Erfolge und Verletzungen der Vergangenheit oder auf die Projekte und Planungen der Zukunft verwenden. So ist es in unserem persönlichen Leben, so ist es in Kirche und Gesellschaft. Nicht selten vergeuden wir dabei die Gnade der Gegenwart.

Anders Jesus: Für ihn ist der heutige Tag der entscheidende und der Mensch, der vor ihm steht, ist der wichtigste. In den Antithesen der Bergpredigt kehrt er sich ab vom Gestern und wendet es ins Heute: *„Ihr habt gehört, dass zu den Alten gesagt worden ist (...) – ich aber sage euch"* (Mt 5). Und wo Jesus Menschen heilt, spricht er ihnen die Sündenvergebung zu. Das bedeutet, dass er sie nicht auf ihre Vergangenheit festlegt, sondern ihnen das neue Leben der Gegenwart schenkt.

Gelassenheit

- Sich nicht in den Fesseln der Vergangenheit verstricken
- Nicht zu viel Energie auf die Planung der Zukunft konzentrieren
- Achtsam sein für das Jetzt mit allen seinen Licht- und Schattenseiten
- An die Kraft des auferstandenen Christus in unserer Zeit und Welt glauben

HERZWORT

Christlicher Glaube heißt:
Heiterkeit,
innere Ruhe
und Hingabe an Gott.

Johannes XXIII.

Ich mache hin und wieder die Übung
„Weit sehen und nah sehen".
Dazu kann ich mich ans Fenster
oder auf den Balkon stellen
und den Punkt in Blick nehmen,
der am weitesten entfernt ist.
Dann kehre ich mit meinen Augen langsam zurück –
von jenem Punkt in der Ferne näher zu mir her,
bis ich einen Punkt unmittelbar vor mir im Blick habe.
Ich mache mit meinen Füßen
einen kleinen Schritt nach vorne:
Mein erster und wichtigster Schritt in die Zukunft!

Bei meiner Tagesplanung prüfe ich,
ob ich die Vorhaben richtig gewichtet habe.
Ich unterstreiche in meinem Kalender die drei Termine,
die mir unter allen am wichtigsten sind.
Ich überlege, wie ich dieser Gewichtung
auch Rechnung tragen kann.
Vielleicht muss ich andere Pläne streichen
oder doch hintanstellen.
Dann bin ich nicht in Druck
bei den vorrangigen Vorhaben.
Und ich bin am Ende des Tages auch nicht in Hektik
oder enttäuscht,
weil „ich es wieder nicht geschafft habe".

Wenn mir in meinem Tagesablauf
etwas Unvorhergesehenes dazwischenkommt,
lasse ich mir ein paar Augenblicke Zeit, um zu spüren,
was jetzt dran ist.
Ich lasse mich nicht vom Ärger darüber beherrschen,
dass meine ursprüngliche Planung
jetzt durcheinanderkommt,
ich frage vielmehr nach der wirklichen Bedeutung
des Unvorhergesehenen:
Ist es nur die Aufgeregtheit eines
oder einiger Mitmenschen,
die mich jetzt auch erfassen will?
Oder ist es ein Gebot der Liebe,
jetzt umzudenken?

Um stetig auf der „ruhigen Suche nach dem Guten"
zu sein,
gönne ich mir immer wieder am Tag
eine Minute der Stille.
Ich lege alle Nervosität ab, atme einige Male tief
und komme zur Ruhe.
Dann spüre ich in mich hinein,
was mir meine innerste Stimme sagt.
Ich spüre nach dem Du Gottes
und lasse mich von ihm berühren.
Ich kehre in meinen Alltag zurück
und gehe mutig Schritt für Schritt
im Tagesverlauf weiter.

Übung *der Gelassenheit*

Übung am Morgen

Am frühen Morgen wache ich auf,
atme die Frische des neuen Tages ein,
höre in die Stille
und lasse meine Augen trinken vom Licht.

Ich spüre in mir die Neugier eines Kindes,
genieße die Entspannung,
die sich in der Nacht über Körper und Seele gelegt hat,
fühle die Wärme des Blutes in den Adern,
beobachte mit inneren Augen
die Strömung des Lebens
durch meine Glieder und Organe.

Ich halte an,
nur ein paar Augenblicke.
Noch kann ich sie abwehren:
die hüpfenden Gedanken,
die Erinnerungen von gestern,
die Aufgaben von heute,
die Sorgen von morgen.

Noch kann ich meine Seele abschirmen,
kann das Zeltdach der Entschiedenheit
über sie ausspannen,
kann in meinem Herzen einen Platz bereiten
und für den ganzen Tag Asyl gewähren
meiner treue Weggefährtin
Gelassenheit.

Übung unterwegs

Ich werde die U5 nach Preungesheim noch erreichen,
ganz bestimmt, es sind noch drei Minuten.
Vor mir auf der Rolltreppe drängelt sich
eine Menschenmenge, kein Durchkommen.
Die Türen der U-Bahn schließen sich vor mir.

Ich werde zu spät zum Dienstgespräch kommen.
Ich sehe schon die Gesichter meiner Kollegen vor mir.
Ich sehe die Uhr an der Wand
und die siebzehn Punkte Tagesordnung.
Ich stehe hier und werde sechs Minuten warten.

Selbst in der stickigen U-Bahn-Halle
ist Atmen eine kleine Erlösung.
Ich atme wieder und wieder.
Sechs Minuten stehen und warten.
Keine E-Mail, kein Telefonklingeln.
Keine Frage: Wie machen wir das?
Sechs Minuten unbehelligt.
Mitten in einer Menschenmenge.

Gegen allen Frust der Seele
kämpft sich ein mutiges Trotzdem durch.
Nein, ich lasse mir diese sechs Minuten nicht nehmen,
ich genieße es, einfach da zu sein.
Ich schütze mich davor,
zum Handy zu greifen,
das Protokoll aus dem Rucksack zu ziehen,
im Gedächtnis die nächsten Termine abzurufen.

Sechs Minuten mit mir allein,
sechs Minuten mir begegnen,
sechs Minuten mich aushalten,
sechs Minuten atmen.

Übung in der Kirche

Das ist es jetzt gar nicht, was ich brauche.
Ich hatte mich
in diese kleine Innenstadtkirche geflüchtet,
um still zu werden nach dem Lärm des Tages,
mich beim lieben Gott auszuruhen.

Hinter mir hallen aus der Dunkelheit
müde Schritte durch die Kirche,
ein Wispern und Flüstern,
ein Knarren der Bänke,
ein Blättern in Büchern,
dann wird es still.

Jemand spricht ins Mikro: Im Namen des Vaters ...
Die tägliche Abendmesse beginnt.
Das ist es jetzt gar nicht, was ich brauche.
Ich falle aus der Stille
und stürze in ein Loch aus Ärger.

Da erschrecke ich vor mir selbst.
Meine Überheblichkeit wird mir bewusst.
Wer gibt mir das Recht, mich einzumischen
in die betende Intimität zwischen Gott
und diesen Menschen?
Was weiß ich schon von ihrer Sehnsucht?

Die Orgel setzt ein,
die kleine Menschengruppe singt:
Wer leben will wie Gott auf dieser Erde,
muss sterben wie ein Weizenkorn.
Ich mag dieses Lied und finde Halt
an seiner Melodie.

Muss nicht auch das alles sterben,
was sich in meinem Geist angesammelt hat
an spirituellen Gewohnheiten
und aufgeklärter Wichtigtuerei?
Wartet Gott nicht darauf, dass ich loslasse,
was mich vor ihm schützt?

Ich stehe auf und verneige mich.
Das Lied klingt weiter in mir:
Muss sterben um zu leben.
Die Seele kommt mir vor
wie ein aufgerissener Acker.
Ich gehe aus der Kirche
und weiß nicht, wie mir ist.

Übung in Gegensätzen

Lebenskunst bedeutet,
die realen oder gefühlten Gegensätze unseres Daseins
zu einer Einheit zu verbinden:
Ruhe und Bewegung,
Licht und Dunkel,
Leben und Tod,
Kampf und Kontemplation,
Gelassenheit und Entschiedenheit.

Die folgende Übung kann helfen, die beiden Pole
Gelassenheit und Entschiedenheit zu versöhnen
und so die Ganzheit des Lebens zu erfahren.

Ich suche einen Ort, an dem ich ungestört sein kann.

Ich stehe aufrecht, spüre meinen Kontakt zum Boden hin, verlagere meinen inneren Schwerpunkt in die Füße und fühle, wie ich von der Erde angezogen und getragen werde.

Ich erhebe ganz langsam meine beiden Arme bis zur Höhe des Herzens und öffne meine Hände wie zwei Schalen. Ich spüre das Prickeln auf meinen Handflächen.

Ich stelle mir vor, dass in meiner linken Hand in großen Buchstaben das Wort GELASSENHEIT steht. Ich spüre in dieser Hand meinem Vertrauen und meiner

Hingabe an Gottes Vorsehung nach. Ich imaginiere, wie die Gelassenheit von meiner Hand zum Herzen hin fließt und dort ihren Ort findet.

Dann stelle ich mir vor, wie mein Herz schlägt und mit jedem Schlag meinen Körper und meinen Geist am Leben erhält. Ich stelle mir vor, dass mit dem Herzblut ENTSCHIEDENHEIT zu meiner rechten Hand hin fließt. Ich spüre meiner Kraft und meinem Gestaltungswillen nach.

Ich verbinde beide Hände mit meinem Atem. Ich stelle mir vor, durch die linke Hand Vertrauen und Gelassenheit einzuatmen und mit dem Ausatem in die rechte Hand Kraft und Entschiedenheit fließen zu lassen.

Ich führe in einer langsamen Bewegung die beiden Hände zum Herzen hin, lege die linke Hand auf die Brust, die recht Hand darüber. Im Herzen verbindet sich beides: Gelassenheit und Entschiedenheit.

Ich kann nun das Jesusgebet mit dem Atem verbinden: Ich spreche mit dem Ausatem das Wort JESUS (ich sehe den Menschen Jesus, voller Liebe und voller Tatkraft) und mit dem Einatem das Wort CHRISTUS (ich spüre die göttliche Kraft des Auferstandenen).

Übung „Von eins bis drei“

Die jüdische Mystik (Kabbala) lehrt, dass Zahlen nicht einfach Mengenmaße sind, sondern eine tiefe spirituelle Bedeutung haben. Tatsächlich ist die jüdische Zahlensymbolik auch in die christliche Theologie und Spiritualität eingegangen.

EINS

... ist das Zeichen für Einheit. Eins ist ein Ganzes, die Grundlage aller weiteren Differenzierungen und Entwicklungen.
Der Mensch erfährt Sinn, wenn er eins mit sich selbst ist.

Gott ist einer und die Einheit in der Vielfalt.

ZWEI

... bedeutet die Polarität des Daseins. Das Universum zeigt sich in oben und unten, fest und flüssig, Licht und Dunkel. Sonne und Mond bestimmen unsere Tageszeiten, Sommer und Winter den Kreislauf des Jahres.
Der Mensch hat zwei Hände und zwei Füße, zwei Augen und zwei Ohren. Ständig ist er in die Entscheidung des „Entweder-oder“ gestellt.

In der Beziehung zweier Menschen, zumal in der Partnerschaft zwischen Mann und Frau, entfaltet sich soziales Leben.

Jesus Christus verbindet als wahrer Gott und wahrer Mensch Himmel und Erde, versöhnt uns Menschen mit Gott.

DREI

... weist laut Schöpfungsbericht der Bibel auf die Dreiteilung des Kosmos in Himmel, Erde und Meer hin.

Die Dreiheit Vater, Mutter, Kind stellt eine menschliche Familie und die Keimzelle der Gesellschaft dar.

Die Dreifaltigkeit Gottes ist eines der unbegreiflichen Mysterien unseres Glaubens. Vater und Sohn sind in innigster Liebe durch den Heiligen Geist verbunden. So ist die Dreifaltigkeit zugleich Urbild jeder Liebesbeziehung.

Die folgende meditative Zahlenübung
kann zu innerer Ruhe und Gelassenheit führen.

EINS

Ich spüre mich eins mit mir.
Ich meditiere meinen Körper als eins,
meine Seele als eins.
Ich meditiere mich in meiner Ganzheit.

Ich meditiere den Kosmos als Einheit
Ich spüre mich in der Einheit mit den mir nahen
und auch fernen Menschen,
Ich nehme mich in der Verbundenheit
mit allem Sein wahr.

Ich meditiere Gott als eins.
Der eine Gott ist alles in allem.
Er ist tief in meinem Herzen
und er umfasst die ganze Schöpfung.
Ich strecke meine beiden Arme aus.

ZWEI

Ich lasse Zeigefinger und Daumen sich berühren.
Ich konzentriere mich auf die beiden Hände
und fühle die Zwei.
In mir sind Himmel und Erde.
Geben und Nehmen, Kraft und Bedürftigkeit.
Ich meditiere Jesus Christus
der Gott und Mensch ist, Geist und Welt.

DREI

Ich lege meine rechte Hand auf den Scheitel,
meine linke Hand auf das Herz.
Kopf, Herz und Hände bilden eine Dreiheit.
Denken, Fühlen und Handeln sind meine Grundkräfte.

Ich meditiere die Drei als das Symbol für Gott,
den Dreifaltigen.
Gott ist ein Einziger in drei Personen.

Übung „Von drei bis eins“

Es ist ziemlich verrückt, rückwärtszuzählen.
Wir wollen nach vorne zählen.
Unser gängiges Stichwort heißt Wachstum.
Vermehren: die Anzahl, das Geld, die Jahre.
Das Leben will immer mehr, will sogar Unendlichkeit.

Dennoch oder gerade deswegen ist die Übung
„Von drei bis eins“ eine sehr hilfreiche Übung –
nicht zuletzt für den Alltag.

Ich kann vom „Multitasking“ mehrerer Dinge,
Aufgaben und Gedanken, das mich mitunter zerreißt,
mit dieser Übung zur „Gelassenheit der Eins“
zurückkehren.

DREI

Ich beginne mit der Drei-Übung
(siehe vorherige Übung)
Ich schaue, wie meine Hände sich anfühlen,
frage, was mein Hände alles tun wollen und sollen,
ich lausche meinen Gedanken,
ich nehme meine Gefühle wahr.

ZWEI

Ich komme zur Zwei-Übung
und breite meine beiden Hände
auf Herzenshöhe wie zwei Schalen vor mir aus.
Ich wende mich ganz bewusst dem Atem zu.
Ich atme tief aus und lasse den Atem
von selbst einströmen.
Ich lege alles Handeln, Denken und Fühlen
an den Aus- und Einatem.

EINS

Ich komme zur Eins-Übung.
Ich stehe aufrecht und gerade,
spüre meinen Leib von den Fußsohlen
bis hin zum Scheitel durch.
Ich werde mir meiner Ganzheit und Einheit bewusst:
Ich spreche in der Stille meinen Vornamen aus und
spüre, wie dieser Name meine ganze Person erfasst.
Ich bin es, die/der jetzt einen Schmerz fühlt
oder sich gut fühlt …
Ich bin es, die/der in der Ganzheit
vor Gott steht.
Ich bin ganz EINS mit mir.
Ganz EINS in mir.

Übung in der Einsamkeit

„Als ich in meiner Heimatgemeinde in Toronto in eine tiefe Krise geriet, erkannte ich, dass ich eine neue Art von Einsamkeit erleben musste – eine Einsamkeit, die nicht dieselbe war, die ich bisher kannte, sondern die Einsamkeit eines Menschen, die Gott zum Zentrum seines Lebens macht.
Die ‚erste Einsamkeit' ist die emotionale Einsamkeit des Menschen, die durch Freunde, ein Zuhause, eine Gemeinschaft oder Gemeinde gelindert werden kann. Doch genau in diesem Zuhause erlebt man plötzlich eine ‚zweite' Art von Einsamkeit, in die Gott dich ruft. Diese ‚zweite Einsamkeit' fordert unglaublich viel und verlangt von dir, vieles loszulassen. Diese Art der Einsamkeit kannst du nicht lindern, du musst sie leben. Diese Einsamkeit führt dich auf den Weg zu Gott und führt dich nicht weg von dir, sondern hin zu dir.
Diese zweite Einsamkeit reicht zurück bis zu den ältesten mystischen Lehren über das spirituelle Leben. Die ‚dunkle Nacht der Seele' ist ein anderes Wort für diese zweite Einsamkeit. Sie bedeutet, dass man Gott erkennt, wenn man in diese Dunkelheit eintritt. Dieses Dunkel bedeutet: Gott kann nicht vereinnahmt werden. Er kann nicht durch meine menschlichen Gefühle erfasst werden, weil er größer ist als mein Herz und größer als mein Geist.
Wenn man diese zweite Einsamkeit erfährt und wirklich erlebt, kann man ein neues, ein tiefes und umfassendes Gefühl von Zugehörigkeit entdecken, das jede

Form von weltlicher Zugehörigkeit übertrifft. Dieser Raum der Gemeinschaft (communion) mit Gott, der als Einsamkeit erlebt wird, ist in Wahrheit die höchste Gemeinschaft mit der Menschheit überhaupt."

Henri Nouwen
(Quelle: Home Tonight. Further Reflections on the Parable of the prodigal Son. Copyrighted Material; deutsche Übersetzung: Ricarda Moufang)

Übung

Ich atme, spüre mich selbst und erfahre: Niemand außer mir erlebt diesen Augenblick so wie ich. Ich bleibe ein paar Augenblicke in dieser Einsamkeit, halte sie aus oder genieße sie auch.

In die Mitte eines weißen Blattes zeichne ich einen Kreis und schreibe in den Kreis die Worte EINS MIT MIR. Beim Betrachten der Zeichnung spüre ich der Erfahrung nach, wie es ist, eins mit mir selbst zu sein. Ich nehme sowohl die EINSamkeit wahr, die in dieser Erfahrung liegt, als auch die Stärke der Identität mit mir selbst.

Nun ziehe ich einen Halbkreis auf die eine Seite und schreibe auf das Blatt: „Menschliche Einsamkeit“. Ich schreibe auf dieser Seite des Blattes auf, was ich schon an Einsamkeit erfahren habe oder derzeit erfahre.

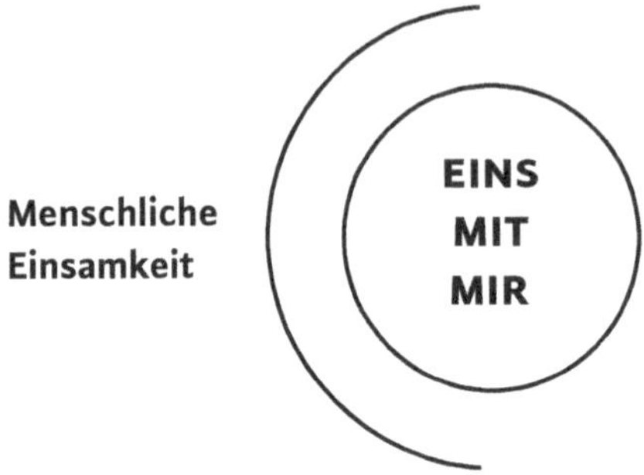

Ich schaue mir den freien Raum zwischen Kreis und Halbkreis an.

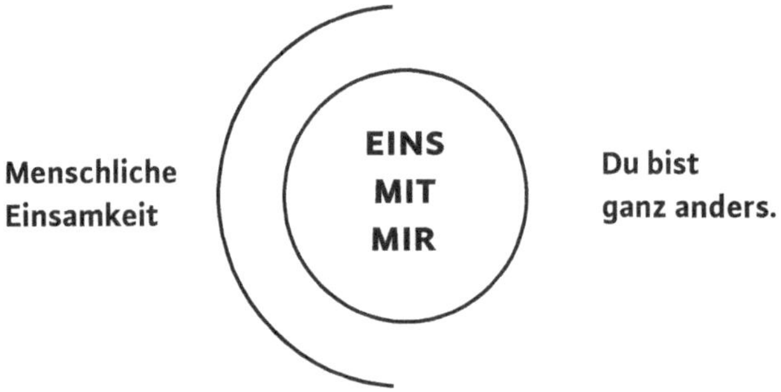

Ich schreibe auf die andere Seite des Kreises den Satz „Du bist ganz anders“.

Ich meditiere, was er über Gott aussagt. Ich versuche, meine Gedanken über Gott, meine Bilder von ihm, meine Erwartung an ihn, meine Gefühle für ihn loszulassen.

Ich streiche die einzelnen Worte dieses Satzes durch, angefangen bei dem Wort „anders", dann nacheinander die Worte „ganz" und „bist". Schließlich steht nur noch das Wort „Du" da. Ich halte jedes Mal eine Zeitlang an und spüre, was mir der verkürzte Satz bedeutet.

Am Schluss drehe ich das Blatt um. Was empfinde ich beim Anblick des leeren Blattes? Was bleibt mir, wenn ich alles gelassen habe?

Übung in der Liebe

„Es braucht oft fast ein ganzes Leben, um herauszufinden, dass die meisten Schwierigkeiten und Fragen in Beziehungen mit dem zusammenhängen, was ich die ‚Erste Liebe' und die ‚Zweite Liebe' nenne.
Die ‚erste Liebe' ist die Liebe, mit der Gott uns liebt, ehe wir einander lieben konnten. Die ‚zweite Liebe' ist die Liebe unserer Eltern, Freunde, PartnerInnen, Gemeinschaften und Gemeinden. Manchmal erwarten wir von der ‚zweiten Liebe' das, was nur die ‚erste Liebe' – Gott – geben kann. Das führt zu Überforderung, Zurückweisung und Verletzung.
Meine Schwierigkeit bestand immer darin, dass ich diese erste Liebe von jemandem erwartet habe, der nur die zweite Liebe geben konnte. Und sobald man das tut, überfordert man den anderen Menschen. Denn man verlangt von ihm oder ihr etwas zu geben, was sie – wie wir selbst! – nicht geben können: bedingungslose, grenzenlose, ewige, selbstlose Liebe. Und so ziehen sie sich zurück, reagieren mit Ärger, Wut, Schuldgefühlen und Distanz."

Henri Nouwen
(Quelle: Home Tonight. Further Reflections
on the Parable of the prodigal Son. Copyrighted Material;
deutsche Übersetzung: Ricarda Moufang)

Übung

Ich zeichne auf ein Blatt zwei konzentrische Kreise. Der innere Kreis bedeutet die Liebe Gottes, der äußere Kreis bedeutet die Liebe von Menschen.

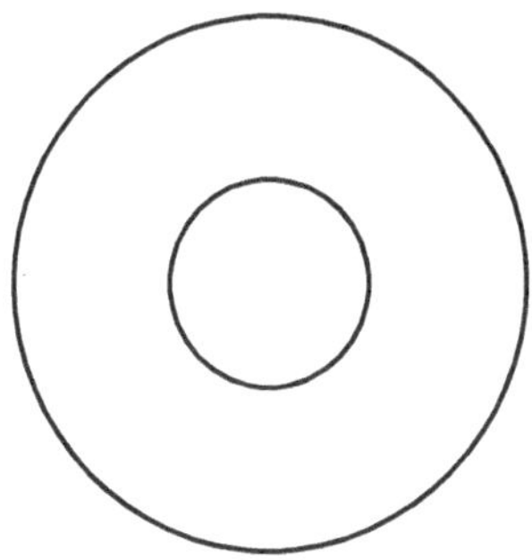

Ich konzentriere mich zunächst auf den äußeren Kreis: Ich liebe Menschen und Menschen lieben mich. Ich kann Namen und Stichworte (um den Kreis herum) aufschreiben. Ich spüre meinen Erwartungen und deren Erfüllung nach, ich spüre auch die Erwartungen anderer an mich.

Dann konzentriere ich mich auf den inneren Kreis: Gott liebt mich und ich liebe Gott. Ich spüre, wie diese Liebe bei mir ankommt und wie ich ihr antworte.

In einem dritten Schritt gehe ich in die zwei Kreise und spüre, wie es ist, mich von dieser Liebe berühren zu lassen.

Angelo Roncalli – der Mensch und der Papst

Am 25.11.1881 wird Angelo Giuseppe Roncalli in dem oberitalienischen Bauerndorf Sotto il Monte geboren. Seine Eltern – Giovanni Battista und Marianna Roncalli – sind einfache, arme Bauern, die dreizehn Kinder aufziehen. Die geistig-geistliche Entwicklung des jungen Angelo steht unter dem Einfluss seines Großonkels Zaverio, der ihm zum Wegweiser im Glauben wird, und seines Gemeindepfarrers Don Rebuzzini, der ihm privaten Lateinunterricht gibt. Schon sehr früh hat der Junge den Wunsch, Priester zu werden. Vater Giovanni ist von diesem Vorhaben allerdings nicht begeistert, braucht er doch Arbeitskräfte auf dem Bauernhof. Dennoch lässt er zu, dass Angelo im Alter von elf Jahren ins Bischöfliche Seminar zu Bergamo eintritt. In der Schule bringt der aufgeweckte und auf seine Weise intelligente Junge nur mittelmäßige Leistungen zu Wege.

Nach einjähriger Militärdienstzeit tritt der 21-jährige Angelo in das römische Priesterseminar ein, um Theologie zu studieren. Bereits 1903 wird er zum Diakon geweiht und schließt sein Studium ein Jahr später mit der Promotion zum Doktor der Theologie ab. Noch nicht 23-jährig – dies ist das für die Priesterweihe im Kirchenrecht vorgeschriebene Mindestalter –, wird

Angelo Roncalli am 10.8.1904 in der kleinen Kirche „Santa Maria in Monte Santo“ zu Rom zum Priester geweiht. Der Bischof seiner Heimatdiözese Bergamo, Graf Radini-Tedeschi, setzt den jungen Priester als seinen Sekretär ein. Der Einfluss dieses Bischofs auf den jungen Roncalli sollte bleibende Spuren hinterlassen. Mit ihm unternimmt er viele Auslandsreisen, u. a. auch 1906 nach Palästina. Radini-Tedeschi inspiriert seinen jungen Sekretär vor allem durch sein ausgeprägtes Gespür für die sozialen Fragen des beginnenden Jahrhunderts.

Zehn Jahre lang gibt Roncalli das Bistumsblatt „La Vita Diocesana“ heraus, er doziert als Professor für Kirchengeschichte am Seminar zu Bergamo und ist außerdem Studentenseelsorger. An den von seinem Bischof ins Leben gerufenen Sozialinstitutionen fungiert er als Berater. Als Radini-Tedeschi im Jahre 1914 stirbt, beginnt Roncalli, dessen Biographie zu verfassen, und veröffentlicht sie im Jahre 1916.

Der Erste Weltkrieg, in den sich Italien 1915 durch die Kriegserklärung an Österreich-Ungarn einschaltet, hat zur Folge, dass Roncalli zunächst als Sanitätssoldat und später als Militärpfarrer dient. Von der furchtbaren Realität des Krieges berichten seine Tagebuchaufzeichnungen aus jener Zeit. Nach dem Ersten Weltkrieg wirkt er als Jugend- und Studentenseelsorger und übernimmt außerdem Aufgaben in katholischen Verbänden und Organisationen. 1921 wird er von Papst Benedikt XV. nach Rom gerufen und als Präsident des Zentralrates des Päpstlichen Missionsrates eingesetzt.

1924 wird Roncalli Professor der Patristik, doch schon ein halbes Jahr später sendet ihn der Papst als Apostolischen Visitator nach Bulgarien. Er soll den Dialog zwischen der orthodoxen und der katholischen Kirche in Gang bringen. Mit der Übertragung dieses Amtes wird er zum Bischof geweiht und als päpstlicher Gesandter zum Erzbischof ernannt. Auch auf dem Balkan entwickelt Roncalli zahlreiche soziale Aktivitäten. In der Sorge um das Wohl der armen Bevölkerung besorgt er Lebensmittel, Kleidung und Medikamente. Fünf Jahre später erhebt Papst Pius XI. ihn zum Apostolischen Legaten für die Türkei und Griechenland mit Sitz in Istanbul. Die Türkei ist unter der Führung Atatürks zu einem laizistischen Staat geworden, durch den die dort lebenden Christen mancherlei Anfeindungen erfahren müssen.

1939 gerät Europa in die Wirren des Zweiten Weltkrieges, auch der Balkan ist involviert. Roncalli verhilft vielen Juden zur Flucht aus dem von Deutschen besetzten Ungarn. Ebenso engagiert er sich mit verschiedenen Hilfsmaßnahmen für die Kriegsgefangenen und für die notleidende Bevölkerung. 1944 wird er von Papst Pius XII. zum Apostolischen Nuntius in Frankreich ernannt. Inzwischen ist er 63 Jahre alt, die neue Herausforderung beginnt er mit viel Elan und mit der nötigen Klugheit. Gerade in Frankreich gibt es am Ende des Krieges und danach eine Fülle von schwierigen Aufgaben. Das Land ist von Krieg gebeutelt, die Kirche betritt neue, ungewohnte Wege (etwa mit den Arbeiterpriestern). Tausende von deutschen Kriegsgefangenen sind in französischen Lagern untergebracht.

Roncalli geht unbürokratische Wege, um Versöhnungsarbeit zu leisten und das Leben der Gefangenen zu erleichtern, er kann durch kluge Diplomatie auch die politischen Führungskräfte für sich gewinnen. Seine vornehmliche Aufmerksamkeit gilt auch hier den Menschen in Stadt und Land und ihren Nöten.
Neun Jahre bleibt Roncalli in Frankreich, bevor er 1953 zum Kardinal und Patriarchen von Venedig ernannt wird. Auch hier ist er in erster Linie Seelsorger, seine offene und herzliche Art öffnet ihm die Türen und die Herzen selbst der Katholikengegner in der italienischen Weltstadt.
1958 stirbt Pius XII. Roncalli reist wie alle Kardinäle zum Konklave nach Rom, doch niemand rechnet damit, dass der fast 77-Jährige zum Papst gewählt werden wird. Dennoch fällt die Wahl im 11. Wahlgang auf ihn, der sich den Namen Johannes XXIII. gibt.
Schon ein Jahr später kündigt er vor zahlreichen Kardinälen die Einberufung des II. Vatikanischen Konzils an. Spätestens damit ist die Weiche gestellt für die Erneuerung der Kirche. Mit der Welt ist Roncalli hinreichend in Berührung gekommen und er hat sich als Seelsorger und als kirchliche Führungspersönlichkeit von den Nöten der Menschen und von der modernen Wirklichkeit auch berühren lassen.
Den Abschluss des Konzils erlebt Papst Johannes XXIII. selbst nicht mehr. Schon seit längerer Zeit krank, stirbt er am 3. Juni 1963.
Das Besondere an Johannes XXIII. war, dass er das Besondere nicht mochte. Die Schriftstellerin Marie Luise Kaschnitz bezeichnete ihn als einen „als Papst verklei-

deten Menschen“. Die Bürger Roms nannten ihn „Papa Buono“, den „guten Papst“. Er ließ den Bahnhof des Vatikans wieder öffnen und fuhr in sein Bistum, er machte spontane Besuche in den Krankenhäusern und Gefängnissen Roms, er lud die Mitarbeiter des Vatikans zum Essen ein, er hatte für alle ein gutes Wort und begegnete ihnen, wo immer es möglich war, von Mensch zu Mensch.

Außergewöhnlich war auch sein Mut. Als Johannes XXIII. das Zweite Vatikanische Konzil ankündigte, hielten einige Zeitgenossen dies für eine Entgleisung. Manche atmeten auf, als der Papst 1963 starb und hofften, dass – wie das Kirchenrecht es vorsieht – mit seinem Tod auch das Konzil zu Ende sei. Aber dieser mutige Schritt war wohl doch vom Geist Gottes gewirkt. Der Nachfolger Paul VI. berief erneut das Konzil ein, und so wurde dies zum unverzichtbaren Erbe für die gesamte Christenheit.

Angelo Roncalli und das Zweite Vatikanische Konzil

Man nannte Johannes XXIII. einen „Papst des Übergangs“ und rechnete wegen seines hohen Alters kaum mit Veränderungen in der katholischen Kirche. In Wirklichkeit führte er die Kirche, die bis dahin zentralistisch geleitet wurde und sich der Auseinandersetzung mit der Moderne eher verschloss, in ein neues Zeitalter. Den Glauben in der Welt von heute zu verwurzeln war seine Absicht.

Mit seiner Entscheidung, das Zweite Vatikanische Konzil einzuberufen, hat Johannes XXIII. Geschichte geschrieben. Selbst dieses für die Zukunft der Kirche so entscheidende Ereignis ging er mit Gelassenheit an.

Für die Inhalte des Konzils setzte Johannes XXIII. entscheidende Akzente, es ging ihm um die Belebung des Glaubens, um die Verlebendigung der christlichen Tradition, aber auch um die Erneuerung der äußeren Gestalt der Kirche und ihrer Strukturen.

Das Konzil verabschiedete 16 Dokumente, die sich in Konstitutionen, Dekrete und Erklärungen gliedern. Darunter finden sich u. a.:

- die Konstitution über die heilige Liturgie vom 4. Dezember 1963,
- die Dogmatische Konstitution über die Kirche vom 21. November 1964,

- das Dekret über den Ökumenismus
  vom 21. November 1964,

- die Erklärung über das Verhältnis der Kirche
  zu den nichtchristlichen Religionen
  vom 28. Oktober 1965,

- die Pastorale Konstitution über die Kirche
  in der Welt von heute
  vom 7. Dezember 1965.

Das Konzil gab viele und bedeutende Impulse für das kirchliche und gesellschaftliche Leben, einige seien hier besonders in Erinnerung gerufen:

Das *Wort Gottes* wird in seiner Bedeutung als Grunddokument des Glaubens hervorgehoben. An ihm soll sich das kirchliche Leben stärker orientieren.

In der *Seelsorge* geht es um den ganzen Menschen mit allen seinen Fragen, Sorgen, Hoffnungen und Sehnsüchten. Darum muss sich die Pastoral an der modernen Welt orientieren, sie besser kennenlernen und ernst nehmen. Das Evangelium will so verkündet werden, dass es den Menschen heute zugänglich und von ihnen als Lebenshilfe verstanden wird.

Die Kirche wird verstanden als das „Volk Gottes auf dem Weg". Durch die Taufe sind alle Gläubigen zum „allgemeinen Priestertum" berufen und nehmen gemeinsam an der Verantwortung für die Kirche teil.

Nach dem Vorbild Jesu sind Priester, Bischöfe und der Papst zum Dienst am Gottesvolk verpflichtet. So betont das Konzil erneut, dass es Aufgabe des Bischofs von Rom ist, in *Kollegialität* mit allen Bischöfen den Hirtendienst wahrzunehmen und für die Einheit der Kirche zu sorgen. In den Diözesen und Pfarrgemeinden sollen Bischöfe, Priester und Laien partnerschaftlich zusammenarbeiten.

Die *Gläubigen* aller Stände – Frauen und Männer, Verheiratete und Alleinstehende, Jugendliche und Erwachsene, Ordensleute und Kleriker – haben eine je eigene geistliche Berufung. Das Ziel der „Heiligkeit" gilt für alle und meint, dass wir Christus ähnlich werden in der Gottes- und Nächstenliebe.

Die *Liturgie* ist weniger eine kultische Feier als Ausdruck des gemeinsamen Glaubens und Feier der Gemeinschaft der Gläubigen. Alle werden darum aktiv in das Geschehen einbezogen. Eine zentrale Bedeutung in der Liturgie bekommt das Wort Gottes, die entscheidenden Texte der Bibel werden auf zwei bzw. drei Lesejahre verteilt. Um allen Gläubigen die Mitfeier zu ermöglichen, können die Eucharistie, aber auch andere gottesdienstliche Feiern wie das Stundengebet in der jeweiligen Landessprache gefeiert werden. Symbole und Rituale werden vereinfacht und verständlich gemacht.

Das Konzil erklärt die Spaltung der Christenheit zum Skandal und hebt die *Ökumene* als ein entscheidendes

Anliegen der Zukunft hervor. An die Stelle der inneren und äußeren Abgrenzung tritt eine *Haltung der Offenheit,* der Wertschätzung und des Dialoges. Das Konzil besinnt sich auf die Gemeinsamkeit aller Christinnen und Christen und wünscht Begegnung und Zusammenarbeit auf allen Ebenen. Theologische Unterschiede sollen in gegenseitigem Respekt miteinander besprochen werden, die Kirchen sollen im Bereich der Diakonie, der Weltverantwortung, aber auch gemeinsamer liturgischer Feiern Mut und Fantasie entwickeln.

Ebenso drückt das Konzil seinen Respekt vor dem *Judentum* aus. Betont wird der gemeinsame Glaube an den einen Gott. Menschen des jüdischen Bekenntnisses werden als die älteren Geschwister im einen Bund Gottes mit der Menschheit gewürdigt.

Das Konzil erkennt in allen *Religionen* das Wirken des göttlichen Geistes und würdigt deren Lichtzeichen. Es bekennt sich zur Religions- und Gewissensfreiheit und sucht den Dialog mit allen Weltanschauungen, ja selbst mit dem Atheismus. Das Projekt, die Menschheit friedlich in die Zukunft zu führen ist so wichtig, dass alle Menschen guten Willens zur Zusammenarbeit aufgerufen sind.

Angelo Roncalli und sein Bemühen um Gerechtigkeit und Frieden

Auf den ersten Blick erscheinen Gestalt und Auftreten von Angelo Roncalli, der als Johannes XXIII. die katholische Kirche lenkte, ziemlich unpolitisch. Auch als Apostolischer Delegat und Nuntius in unterschiedlichen Regionen der Erde war er eher zurückhaltend und auf Harmonie bedacht. Und doch setzte er – vielleicht gerade durch seine vorsichtige Art – unverwischbare Spuren einer Friedens- und Versöhnungspolitik.

In seinen Reden und Schreiben gibt Roncalli der Gerechtigkeit einen besonderen Stellenwert. Sie ist für ihn die Voraussetzung für das friedliche Zusammenleben der Menschen.

Mit den beiden Lehrschreiben „Mater et Magistra" und „Pacem in terris" beleuchtet Roncalli zwei der vordringlichsten Themen des 20. Jahrhunderts – die Frage der sozialen Gerechtigkeit und die Frage des Friedens in der Welt. Von den Grundsätzen des Evangeliums inspiriert stellt der Papst sozialethische Leitlinien auf, die das politische und wirtschaftliche Handeln nachhaltig beeinflussen sollten.

In „Mater et Magistra" (1961) spricht sich Johannes XXIII. eindeutig für die Demokratie als Staatsform aus und macht deutlich, dass sie den sozialen Bedürfnissen der Bürgerinnen und Bürger am besten gerecht wird. Er spricht den Arbeitnehmerinnen und Arbeitnehmern das aktive Mitbestimmungsrecht in ihren Unternehmen zu. Damit weitet er die katholische So-

ziallehre auf die sozialen Entwicklungen der modernen Welt hin und geht konkret auf die Nöte und Schwierigkeiten des Arbeitslebens ein. Neu ist auch der Blick über die Probleme der Industrieländer hinaus. „Mater et Magistra“ spricht von einer globalen Verantwortung, in die auch die Bedürfnisse der ärmeren Länder des Südens einbezogen werden müssen.
In „Pacem in terris“ (1963) stellte sich der Papst als Repräsentant der katholischen Kirche erstmals eindeutig hinter die Menschenrechtserklärung der Vereinten Nationen von 1948. Johannes XXIII. spricht allen Menschen, unabhängig von ihrer nationalen oder religiösen Zugehörigkeit, die von Gott gegebene Menschenwürde zu. Jeder Mensch ist „seinem Wesen nach Person“. Daraus leiten sich Rechte und Pflichten ab, die „unmittelbar aus seiner Natur hervorgehen“ und „allgemeingültig und unverletzlich“ sind.
Kurz bevor Johannes XXIII. starb, verfasste er ein Gebet im Sinn der jüdisch-christlichen Verständigung und Versöhnung. Dass es ein Bußgebet ist, in dem Angelo Roncalli im Namen der Christenheit beim „erstgeborenen Bruder“, wie er das Judentum bezeichnet, Abbitte leistet, ist mehr als eine friedliche Geste. Es ist die Grundhaltung dieses Papstes, der immer wieder bei der demütigen Erkenntnis der eigenen Schuld und Unzulänglichkeit beginnt. Nur wer sich seiner Schuld stellt, kann Verantwortung für Frieden und Versöhnung wahrnehmen. Aktenkundig ist, dass Johannes XXIII. während seiner Zeit als Apostolischer Delegat für Griechenland und die Türkei viele Juden vor der Verschleppung in die Konzentrationslager rettete.

Zwanzig Jahre später schreibt er dieses Gebet:

„Wir erkennen heute, dass viele Jahrhunderte der Blindheit unsere Augen verhüllt haben, so dass wir die Schönheit Deines auserwählten Volkes nicht mehr sehen und in seinem Gesicht nicht mehr die Züge unseres erstgeborenen Bruders wiedererkennen. Wir erkennen, dass ein Kainsmal auf unserer Stirn steht. Im Laufe der Jahrhunderte hat unser Bruder Abel in dem Blute gelegen, das wir vergossen, und er hat Tränen geweint, die wir verursacht haben, weil wir Deine Liebe vergaßen. Vergib uns den Fluch, den wir zu Unrecht an den Namen der Juden hefteten. Vergib uns, dass wir Dich in ihrem Fleische zum zweiten Mal ans Kreuz schlugen. Denn wir wussten nicht, was wir taten."

Literatur

Johannes XXIII.: Geistliches Tagebuch
und andere geistliche Schriften. Freiburg 1964

Johannes XXIII.: Brevier des Herzens,
Geistl. Wegleitung durch das Jahr, mit einem Geleitwort
von Julius Kardinal Döpfner. Freiburg 1967

Renzo Allegri: Johannes XXIII. „Papst kann jeder werden.
Der beste Beweis bin ich." Ein Lebensbild. München 2008

Christian Feldmann: Johannes XXIII. Der gütige Prophet.
Freiburg, Wien, Basel 2006

Freddy Derwahl: Johannes XXIII. Ein Leben für den Frieden.
München 2004

Alexandra von Teuffenbach: Papst Johannes XXIII. begegnen.
Augsburg 2003

Walbert Bühlmann: Johannes XXIII. –
Der schmerzliche Weg eines Papstes. Mainz 1996

Die Herzgebete sind zitiert nach
„Güte – mit Klugheit gepaart. Hundert Worte
von Johannes XXIII.". München 2004

Die Gebote der Gelassenheit und der Text
„Nimm dir nicht zu viel vor …" werden zitiert
nach www.gelassen.org

Besonderer Dank gilt Ricarda Moufang, die die Gebete
unter dem Stichwort „Wegzeichen" schrieb und die Texte
von Henri Nouwen aus dem Englischen übersetzte.

Bibliografische Information der Deutschen Nationalbibliothek

Die Deutsche Nationalbibliothek verzeichnet diese Publikation in der Deutschen Nationalbibliografie; detaillierte bibliografische Daten sind im Internet über <http://dnb.d-nb.de> abrufbar.

3. Auflage 2017

www.echter.de

Gestaltung: Peter Hellmund
(Umschlagfoto: © Lik Studio/shutterstock)
Druck und Bindung: CPI – Clausen & Bosse, Leck

ISBN 978-3-429-03535-8 (Print)
ISBN 978-3-429-04657-6 (PDF)
ISBN 978-3-429-06066-4 (ePub)

Franziskanische Akzente

Die Suche der Menschen nach Sinn und Glück ernst nehmen und Impulse geben für ein geistliches, schöpfungsfreundliches und sozial engagiertes Leben – das ist das Anliegen der Reihe „Franziskanische Akzente“.

Bisher sind in der Reihe *Franziskanische Akzente* erschienen:

1 Mirjam Schambeck
Nach Gott fragen zwischen Dunkel und Licht
ISBN 978-3-429-03747-5

2 Helmut Schlegel
Die heilende Kraft menschlicher Spannungen
ISBN 978-3-429-03749-9

3 Katharina Kluitmann
Wachsen – über mich hinaus
ISBN 978-3-429-03750-5

4 Cornelius Bohl
Auf den Geschmack des Lebens kommen
ISBN 978-3-429-03751-2

5 Martina Kreidler-Kos
Lebensmutig
Klara von Assisi und ihre Gefährtinnen
ISBN 978-3-429-03772-7

6 Niklaus Kuster
Franz von Assisi – Freiheit und Geschwisterlichkeit in der Kirche
ISBN 978-3-429-03781-9

7 Hermann Schalück
Prophetisch glauben
Aufbrüche in franziskanischer Spiritualität
ISBN 978-3-429-03773-4

8 Stefan Federbusch
Nachhaltig wirtschaften – gerecht teilen
ISBN 978-3-429-03782-6

9 Thomas Dienberg
Leiten
Von der Kunst des Dienens
ISBN 978-3-429-03935-6

10 Anton Rotzetter
Alles auf den Kopf stellen – neue Wurzeln schlagen
ISBN 978-3-429-03932-5

11 Helmut Schlegel
Glaubensgeschichten sind Weggeschichten
ISBN 978-3-429-03986-8

12 Nicole Grochowina
Franziskus und Luther
Freunde über die Zeiten
ISBN 978-3-429-04316-2

13 Jürgen Neitzert
Muslime und Christen
Ein franziskanischer Blick auf den Islam
ISBN 978-3-429-04332-2